O Portal
Multidimensional

Além da Magia e do Orbe Terrestre

Luciano Nassyn

O Portal
Multidimensional

Além da Magia e do Orbe Terrestre

MADRAS®

© 2019, Madras Editora Ltda.

Editor:
Wagner Veneziani Costa

Produção e Capa:
Equipe Técnica Madras

Revisão:
Ana Paula Luccisano
Jerônimo Feitosa

Dados Internacionais de Catalogação na Publicação
(CIP)(Câmara Brasileira do Livro, SP, Brasil)

Nassyn, Luciano
O portal multidimensional: além da magia e do orbe terrestre/Luciano Nassyn. – São Paulo: Madras, 2019.

ISBN 978-85-370-1210-9

1. Corpo astral 2. Dimensões 3. Energia vital 4. Esoterismo 5. Evolução espiritual 6. Magia 7. Meditações 8. Orações 9. Rituais 10. Teoria quântica 11. Terapia holística I. Título.

19-28387   CDD-133

1. Ciências ocultas 133
Maria Paula C. Riyuzo – Bibliotecária – CRB-8/7639

É proibida a reprodução total ou parcial desta obra, de qualquer forma ou por qualquer meio eletrônico, mecânico, inclusive por meio de processos xerográficos, incluindo ainda o uso da internet, sem a permissão expressa da MADRAS Editora, na pessoa de seu editor (Lei nº 9.610, de 19/2/1998).

Todos os direitos desta edição reservados pela

MADRAS EDITORA LTDA.
Rua Paulo Gonçalves, 88 – Santana
CEP: 02403-020 – São Paulo/SP
Caixa Postal 12183 – CEP: 02013-970
Tel.: (11) 2281-5555 – Fax: (11) 2959-3090
www.madras.com.br

Índice

Agradecimentos... 7
Parte I – Além da Magia
Apresentação.. 9
1. Camadas Sutis... 11
2. Tipos de Magia.. 17
3. Como Detectar os Sintomas de Anomalias em
Seus Corpos Astrais 21
4. A Ação das Camadas Inferiores em Nossa Psique.................... 27
5. O que é Espiritual e o Que é Energia? 37
6. Sua Casa, Sua Fortaleza – Observe Seu Espaço..................... 43
7. Ferramentas e Soluções 51
8. Práticas Meditativas, Orações e Rituais.............................. 63
9. Ritual de Properidade – Lua Crescente 71
10. Ritual – Montando a Mesa 73
Parte II – Além do Orbe Terrestre
Apresentação... 79
1 As Primeiras Aparições 81
2. O Contato.. 87
3. A Confirmação 101
4. Um Mundo Espiritual Fora do Orbe 111
5. O Conchavo 117
6. A Mudança que Pode Curar 121
7. O Presente do Universo 139
8. O "Ono Zone".. 145
9. Um Trabalho Sem Fim 155

Agradecimentos

Primeiramente, agradeço à Inteligência Suprema que me conferiu a oportunidade de poder vivenciar esta vida e entender uma pequena parcela de como as coisas funcionam por meio de meus Mentores, Mestres da Grande Fraternidade e amparadores ultraterrestres, em especial meu Pai espiritual Sr. William e toda a corrente da Luz que me acompanha, e ao Comandante Karra Ran do Comando Ultragaláctico Ashtar Sheran. Agradeço a meus pais e familiares que me conduziram durante um tempo para meu crescimento. Agradeço a meus grandes amigos que estiveram ao meu lado e aqueles que já se foram para as esferas espirituais. Agradeço a minha esposa Vivian Leonel, que é uma das maiores incentivadoras de meus trabalhos terapêuticos, e a toda a sua família que me ensinou o que era constituir uma família de fato. Agradeço à vinda de meu filho, Lorenzo, que clareou minha forma de enxergar a grande jornada. Agradeço a pessoas que colaboraram para que esta obra fosse levada até você que está, neste momento, desfrutando desta leitura. Gratidão a Daniel Lucconi e sua família, que me ajudaram a viabilizar esse processo com muito carinho e dedicação de seu tempo. Agradeço aos grandes incentivadores de meus trabalhos terapêuticos, meus queridos e amados clientes, amigos terapeutas, professores e pessoas especiais, como Caio Norcia, Rosa Eliana, Maurício Martins, Vera Caçador, Sabrina Caçador, Cinthya Caçador, Matias Martins, Claudinei Prieto, Rose Peres, Orival Scandelai, Evaldo Ribeiro, Paulo Coelho, Edivaldo Cantelli, Karina Francisco, Yara Skalla, Carol Kalil, Ana Kalyne, Toninho Nascimento, Vanessa de Barros, Thiago Orlosky, Maracy

Monteiro, Regina Gomes, Manoel Garcia, Tatiana Polo Pereira, Patrícia Marx, Sarajane Mendonça, Perácio Dutra, Cristiano Leal, Ivo Aguirre, Gilberto Bacaro, Fabio Puentes, Juliana Nespati, Alex Marchesi, Márcio Gushiken, André Mantovani, Gilcesar Portugal, Samira Chahine, aos amigos da Rádio Mundial, aos organizadores da Holistc Fair (Bueno Brandão, MG), entre outras pessoas maravilhosas que já passaram pela minha vida, ensinando-me por meio de palavras e atitudes os melhores caminhos.

Gratidão! Gratidão! Gratidão!

Parte – 1 Além da Magia

Apresentação

Olá, querido leitor!

Desde que decidi escrever meus conhecimentos, me deparei com um entrave muito comum: *"Como compilar 25 anos de estudos e travessias em apenas uma obra?"*. Eu já estava escrevendo simultaneamente um livro que conta a trajetória da minha vida espiritual. Não é exatamente uma autobiografia completa, mas uma autobiografia que conta as passagens mais importantes de minha busca pelo caminho mágico. Mas confesso que essa obra estacionou quando fiz uma palestra na cidade de Bueno Brandão (MG). Várias pessoas vieram me perguntar se eu tinha aquela palestra apostilada ou se já havia escrito alguma obra sobre o que havia dito. Pensei bem e, com a ajuda de meus Mentores e de meus dispositivos quânticos, decidi começar a escrevê-la.

Meus conhecimentos vêm de uma série de estudos como Reiki, Radiestesia, Radiestesia Magnética, Radiônica, Psicotrônica, Magia Natural, Espiritismo, Umbanda, Candomblé, Xamanismo, Apometria e Hipnose Clínica. Realmente não vou conseguir escrever todos os processos dentro desta obra, mas com toda certeza haverá muito assunto para outras, depois desta. Os acontecimentos são incríveis e posso garantir que inúmeras partes deste livro não foram escritas por mim, de fato. Apenas são transcrições. Por diversas vezes senti minhas mãos digitando sozinhas e meus olhos fechavam por instantes, ou até mesmo por vários minutos, enquanto ouvia sem parar o "tec-tec" das teclas do meu teclado. Fiz uma confirmação em dois, dos três dispositivos quânticos que uso, e fiquei surpreso ao saber da presença de Mestres e Seres do Comando Ashtar me auxiliando, além de meus queridos e amados Mentores. Quando falamos de visão holística, magia, espiritualidade ou similares, o campo de pesquisa se torna vasto e os assuntos ficam intermináveis. Nesta obra não será diferente, porém mediante meus mais profundos estudos e canalizações com Seres da Luz, existem alguns pontos de encerramentos em diversas dúvidas, antes não esclarecidas.

Seguirei com o cronograma dos tópicos como capítulos e, no decorrer da leitura, vou colocar exemplos e algumas ilustrações para melhorar ainda mais o entendimento de quem está tendo contato com o mundo de várias possibilidades, magias, dimensões e saltos quânticos.

1. Camadas Sutis

O que são camadas sutis?

Essas camadas se apresentam de diversas formas em vários níveis de frequências. Alguns a chamam de "aura", mas é algo muito além. As camadas sutis funcionam como multiversos em transição com um elo quântico com o nosso universo em questão. Quando digo universo em questão, falo sobre o momento em que vivemos a vida a qual estamos resgatando, o Dharma que estamos vivenciando. Multiversos são frequências de infinitas possibilidades, tanto boas quanto más. É como se tivéssemos um catálogo digital com todo o acesso a tudo o que poderíamos vivenciar para alterar a vida encarnada nesta dimensão, porém sem a senha para acessar com facilidade. Com certeza você vai perguntar: *"Por que já não vem com a senha para que a gente possa resolver tudo de uma só vez?"*

Em cada camada existe uma vivência em percurso e uma vida energética, em sinergia com a ação quântica. Isso acontece quase ao mesmo tempo, ou até mesmo em tempos oscilantes à vida em que você está lendo estas palavras. Na Apometria, o armazenamento dessas experiências, com o fluxo das subpersonalidades de vidas passadas, é chamado de "Fichas e arquivos".

Fichas e arquivos são cápsulas de armazenamento quântico. Elas são feitas de cristais da mais pura estrutura jamais vista na Terra. Dentro de cada cristal, existe mais de um bilhão de zettabytes de memória de armazenamento. Muitos desses arquivos estão interligados com o nosso subconsciente por meio de "Faixas e níveis". São caminhos subatômicos como cordas de frequências sonoras e coloridas. Fazem-se presentes mediante nossas crenças e valores adquiridos ao longo da vida e por muitas vezes acionados sem a nossa permissão pelo plano superior ou inferior. Essa ação ocorre em um diâmetro de 360° ao redor de pelo menos três ou quatro corpos sutis. Se tivéssemos acesso imediato a essa senha quântica, poderíamos acessar erroneamente essas fichas, abrir faixas e níveis, causando um verdadeiro caos em nossas vidas e de nossos semelhantes. Sem um plano específico, estaríamos aplicando em outros corpos sutis uma desordem sem limites.

Outro motivo para não termos acesso imediato a esse catálogo de multiversos é a influência de seres malignos, que insistem em desarmonizar o campo eletromagnético da Terra e dos seres vivos que nela habitam. Quando muito se fala em seres extrafísicos, a maioria dos dogmas separa seus canais, colocando seres físicos de um lado e seres espirituais de outro. Isso é um engano! Depois de anos de estudos sobre energia e espiritualidade, cheguei à conclusão de que muitos seres que não habitam o planeta Terra, e sim outros planetas e galáxias no universo, se fazem presentes perante a grande habilidade mental que possuem. Essas habilidades mentais atingem um ápice tão esplendoroso que até mesmo em centros com manifestações mediúnicas eles se fazem presentes. O poder de manifestação pela telecinese também está presente em seres extraterrestres, que não têm nenhum apreço aos habitantes da Terra e aos comandos estelares que nos protegem.

Desenvolvi um gráfico* para ilustrar o funcionamento dos comandos quânticos dos seres superiores e inferiores em nosso sistema de armazenamento de crenças e valores.

---

* N.E.: As imagens do livro foram elaboradas e cedidas pelo autor. Quando não for o caso, será indicado na legenda da figura.

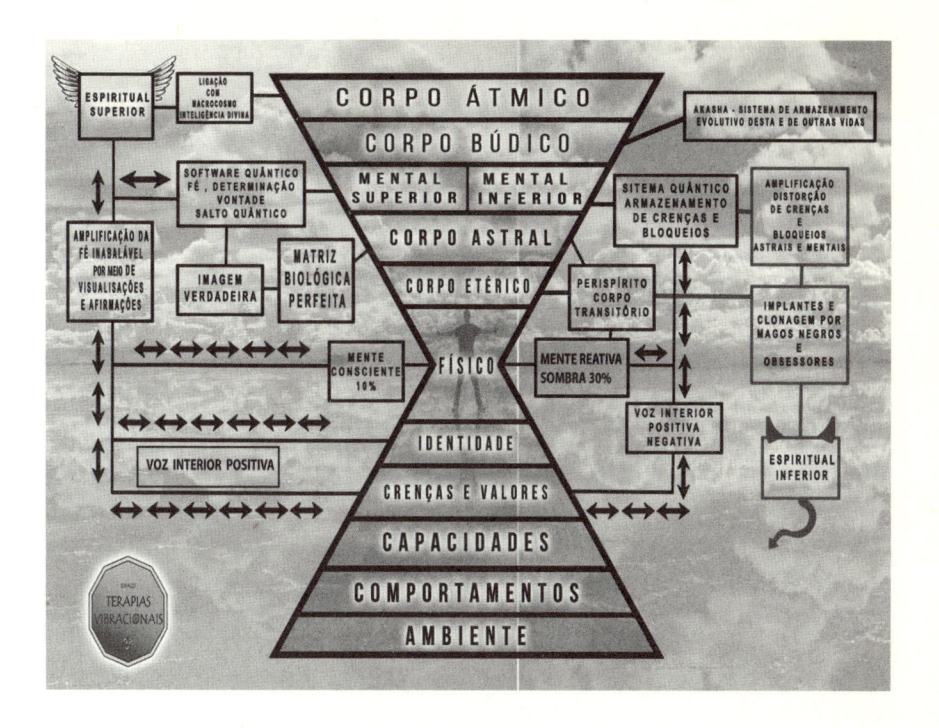

Os corpos astrais são compostos pelas tríades divinas ou ternário superior e pelo quaternário inferior, mais próximo do Ego – personalidade. Podemos analisar por meio desse gráfico, que o espiritual inferior só é capaz de atuar em apenas três corpos dos seis corpos sutis. Isso acontece pelo fato de o corpo astral estar ligado diretamente aos fundos emocionais, sensibilidade geral, instintos e emoções passionais. O perispírito ou corpo etérico se mantém durante algum tempo após a morte do corpo físico. O mental inferior engloba percepções simples. No gráfico, podemos ver que o mental inferior é o sistema de armazenamento quântico de crenças e valores e está ligado diretamente ao subconsciente, que se subdivide em duas partes: a mente consciente e a mente reativa, mais conhecida como "sombra". Essa mente produz as informações necessárias da voz interior negativa, que atua com frequência desde que o sistema começou a armazenar informações em nossa infância.

Os implantes astrais acontecem em três camadas:

- Corpo Etérico – Perispírito.
- Corpo Astral – Matriz biológica perfeita.
- Mental Inferior – Corpo ligado com mais frequência aos assuntos carnais e terrenos.

O Corpo Etérico se subdivide em 12 partes. Então, se podemos analisar cada corpo sutil como um multiverso, podemos crer que cada corpo sutil, ou cada multiverso, possui inúmeras camadas de fluxos de energias e até mesmo centenas de portais intergalácticos. Esse é o grande motivo pelo qual me espanto toda vez em que faço a contagem de clones astrais em uma pessoa para fazer a limpeza deles. Já houve a incrível quantia de 43 trilhões de clones astrais em uma única pessoa. Mesmo se tratando do Corpo Astral, que consideramos a matriz biológica perfeita, ou seja, a imagem e semelhança da Criação, por causa dessa subdivisão dos mundos e dos multiversos, podemos ter uma quantidade significativa de conexões com obsessores, magos negros, répteis astrais, répteis extrafísicos e clones astrais. Já no Mental Inferior, uma das camadas mais próximas das camadas superiores, a implantação pelas forças malignas não é tão fácil quanto propriamente dita. Mesmo assim, dependendo do padrão vibracional em que o indivíduo se encontra, é possível que haja também uma conexão, fazendo com que as crenças limitantes sejam amplificadas, levando a pessoa a estados de depressão e ansiedades fortes e iniciando um processo de caminhada para a meta final dos seres das trevas, o suicídio.

No decorrer dos anos, meus mentores trouxeram informações extradimensionais sobre o assunto. Uma dessas informações é de que a alma humana é imutável, invendável e intransferível. Então, não sabemos ao certo o que de fato uma pessoa "vende" quando oferece a alma a Lúcifer. Você não pode vender o que não é seu. A única possibilidade de seres do astral inferior angariarem a alma de uma pessoa é se ela cometer o fatídico suicídio. Mesmo assim, ainda é possível, depois de uns 150 a 200 anos de sofrimento do indivíduo nas camadas quentes do Umbral, o amor universal e a misericórdia da Criação retirá-lo de lá, findando a diversão dos seres do astral inferior e iniciando um processo de resgate, por meio da reencarnação.

2. Tipos de Magia

Existem inúmeros tipos de magia. Desde as magias cerimoniais, das quais são feitos rituais e cerimônias para as deidades e entidades invocadas, até as mais simples, como simpatias e pequenos feitiços. É errado pensar que uma simples simpatia não tenha o efeito de atrair seres bem malvados, das camadas inferiores. Tudo é magia! E sendo tudo magia, posso afirmar com certeza que magia é energia. Para ser mais preciso na colocação e evitar discussões, vou dizer que a magia é a arte de manipular as energias. Essas energias provêm da natureza interna e externa. A natureza interna possui os quatro elementos em nosso sistema físico, ou seja, somos terra, fogo, água e ar.

Na magia, aprendemos que com o equilíbrio adquirido dos quatro elementos, atingimos a chave-mestra e conseguimos adentrar no universo do quinto elemento. Somos terra porque somos corpo. Nosso corpo se conecta com o corpo da Mãe Natureza. Somos fogo porque temos calor: o calor da alma e das sensações, a vibração da energia por intermédio da pele e na transmissão pelo toque. Somos água porque nosso corpo, além do sangue que corre em nossas veias, possuiu 70% de água em nosso organismo ou mais. Somos ar porque nutrimos nossas células e órgãos por meio da respiração e expiramos nossas toxinas, promovendo um ciclo de limpeza interna. Mas, e o quinto elemento? É o espírito. A alma imortal e a mente que nos conduzem aos diversos níveis de consciência e que nos fornecem, dependendo de nossa trajetória e de nossos padrões vibracionais, informações suficientes para acessarmos os saltos quânticos que tanto almejamos.

A magia, por se tratar de energia pura, não tem cor. Esse é o motivo de tanta especulação e de tantas ramificações entre os praticantes da antiga religião pagã. Nem tudo realmente é espiritual, mas tudo pode ser magia ou "mágico", no contexto de algo, quando acontecem coisas inexplicáveis pela ciência. Muito do que era magia no passado, hoje, pode ser explicado cientificamente. Muito do que é magia hoje em dia pode ser explicado pela física quântica. Se temos uma grande variedade de caminhos mágicos para percorrer, não é porque de fato existam ramificações, mas porque nós a enxergamos por diversos prismas.

Vou enumerar alguns tipos de magia e dar uma breve explicação de cada uma.

1. Magia Natural: é aquela destinada tanto para o bem quanto para o mal, trabalha com as energias e entidades da Natureza, ervas, cristais e elementos. Na Magia Natural também podemos incluir os jogos de tarô e búzios, como os oráculos mais utilizados por magos e bruxas, em suas vertentes religiosas. Os resultados dependem do destino ao qual a magia será designada, assim como de suas dívidas cármicas. Essa magia é praticada pela Wicca, Druidas, entre outras ramificações.

2. Magia Teúrgica ou Magia Iniciática: são tradições secretas. Muitas delas são desconhecidas, por exigir do operador aptidões excepcionais e sacrifícios. São tratados sobre como o praticante usa meios e metodologias para se conectar com Anjos Guardiões, Divindades e Santos.

3. A Alta Magia ou Magia Usual: exige um desenvolvimento intelectual juntamente com o desenvolvimento psíquico, cuja utilidade se impõe. Ao contrário do que se pode supor, as operações mágicas que não exigem dons excepcionais são aquelas classificadas entre as mais elevadas na Alta Magia. As operações mágicas que exigem do mago ou bruxa aqueles dons excepcionais (mediunidade ou paranormalidade) se enquadram de certa forma no quadro das Magias Naturais.

4. Magia Egípcia: trabalha com todo tipo de energia, tradicional do povo egípcio e seus mistérios. Podemos acrescentar os rituais presentes para deuses egípcios em outras vertentes pagãs, como a Wicca. Há também a Cabala Egípcia muito conhecida por suas previsões assertivas.

5. Magia Vermelha: alguns bruxos trabalham exclusivamente com a energia sexual. Essa magia é destinada para fins afrodisíacos (sedução, amarração, etc.), e praticada por vários segmentos espirituais e oraculistas.

6. Magia Cigana: junte a Magia Natural com a Magia Vermelha e terá a Magia Cigana. Possui diversos fins, tradicional do povo cigano, cheia de segredos e popularizada pela leitura de mãos e cartas.

7. Magia Africana: trabalha com as mais diversas formas de energia. Aqui no Brasil é popular nos centros de Umbanda, Candomblé e Quimbanda, vertentes da Magia Africana. Na África é muito conhecida e difundida a prática do Vodu.

8. Magia xamânica ou Xamanismo: magia de origem indígena. Os Xamãs são os pajés ou feiticeiros que usam ervas, folhas, elementos naturais, chás que provocam alteração dos processos no subconsciente e visualizações de animais de poder.

9. Magia Vampírica ou Vampirismo: magia que se baseia praticamente na transferência de energia entre seres e entidades.

10. Necromancia: magia que trabalha com os mortos, podendo ser branca ou negra, dependendo do seu fim.

11. Magia Negra ou goética: magia destinada a cursar e promover apenas o mal. É um processo de canalização de energia apenas conduzido por seres trevosos. Muito popular em lugares como Okinawa. Magia que fortalece o poder dos magos negros e seus escravos.

12. Magia Divina: um processo com aberturas de Mandalas, no qual pode se conectar com entidades de Luz e promover uma grande ramificação de cura mediante processos cromoterápicos, aberturas de portais, envio de energias, entre outros. Os estudos dessa técnica são vastos e muito precisos.

3. Como Detectar os Sintomas de Anomalias em Seus Corpos Astrais

É muito comum as pessoas se sentirem sem energia depois de um dia de trabalho estressante ou de um encontro com indivíduos com quem não gostariam de estar. O desconforto em algumas ocasiões é passageiro e, dentro de algumas horas, tudo volta à normalidade. Quando isso não acontece, provavelmente é um termômetro de que algo não anda bem. Quando temos certa frequência de sentimentos de cansaço, fadiga, dores de cabeça, sono conturbado, pode ser um grande indício de que nossos corpos astrais estão sobrecarregados de energias nocivas.

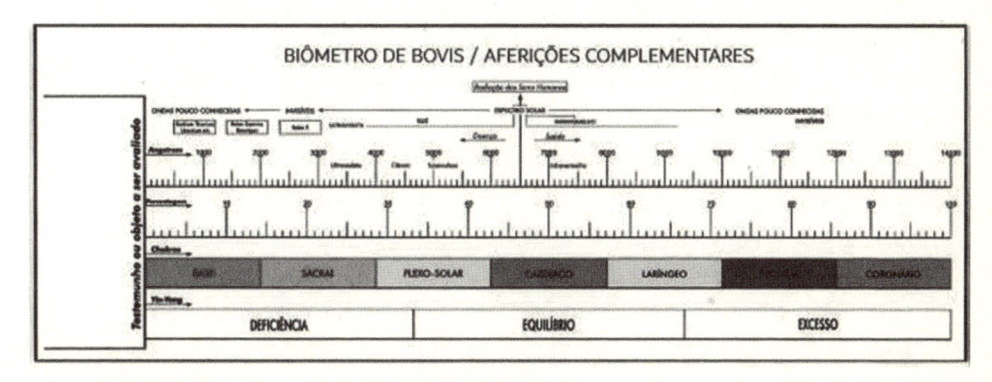

São característicos dessas detecções o sono e os sonhos. Quando temos um boa noite de sono, nosso corpo físico se regenera e, consequentemente, nossa energia vital é recarregada. Muitas vezes, quando temos sonhos tranquilos, porém meio sem sentido, é um sinal de que nossas mentes foram colocadas em um estado de "stand by" pelos amparadores da Luz. Nesse momento, um filme adequado pelo nosso inconsciente é transmitido em nossa tela mental, enquanto nosso mental inferior e superior estão claramente absorvendo informações. Durante esse processo, outros corpos recebem uma carga de energia benéfica em colônias espirituais adequadas. Os corpos são colocados sobre uma maca cromoterápica e, com sua astrotecnologia, são emitidas as cores necessárias para o restabelecimento energético de cada indivíduo. Isso não ocorre apenas nas colônias conhecidas como "Nosso Lar", "Hospital Amor e Caridade" ou "Perseverança". Muitos procedimentos acontecem também nas inúmeras naves do comando Ashtar Sherran e nas câmaras de regeneração de cidades suspensas como Shamballa. Essa bênção não é destinada apenas aos guerreiros da Luz propriamente ditos, mas também a todos que conseguem alcançar uma frequência eletromagnética positiva e conseguem manter essa vibração por meio da meditação.

Quando os sonhos começam a não ser tão agradáveis e com uma constância, isso mostra que o nosso padrão vibracional baixou. O padrão vibracional pode ser medido em "angstrons". A seguir, mostro o desenho da régua de Bovis ou biômetro de Bovis. É, sem dúvida, o clássico instrumento de medição utilizado em conjunto com o pêndulo para dimensionar e detectar diversos eventos em Radiestesia. Há uma divergência sobre o criador do biômetro. Uma delas é de que o biômetro tenha sido criado pelo francês Antoine Bovis (1871-1947), que ficou célebre por suas experiências com as pirâmides do Egito. Existem outros que afirmam que o primeiro biômetro foi desenhado pelo vinicultor francês Alfred Bovis (1871-1947) e originalmente utilizado para suas análises de vinicultura. Há uma outra teoria de que André Bovis e Alfred Bovis eram a mesma pessoa que teve seu nome confundido em diversas situações.

Um ser humano, com sua vibração regular, tem sua faixa vibracional em 6.500 a 7 mil angstrons. Um obsessor tem sua faixa vibracional entre 2 mil a 3 mil angstrons. No caso da obsessão comum, não existe uma escada que faça esse obsessor ter acesso à faixa vibracional em que se encontra o ser humano que vibra entre 6 a 7 mil. É o ser humano que, em sua total ignorância e displicência, arreia seu estado de vibração e faz com que os obsessores tenham acesso total a sua energia, fazendo suas conexões como se fôssemos um "servidor".

Outro fator que nos faz ter o padrão vibracional diminuído é a ligação com vertentes da magia, além da conexão com os magos negros. Porém, a mais típica das escorregadas energéticas é a corrupção em vários sentidos. Estamos nos corrompendo, até mesmo sem saber, periodicamente. Há uma sabotagem e uma autossabotagem, visível e invisível, que nos levam fatidicamente ao caos. Esses processos são silenciosos. Acontecem na maioria das vezes quando não exercemos a gratidão, o perdão, a compaixão e o amor ao próximo e quando exercemos o fanatismo, a intolerância e o prejulgamento de nossos semelhantes. O Mestre Sananda, conhecido na Terra como Mestre Jesus, nos ensinou por várias vezes e em várias frases no Novo Testamento como não cair na malha fina dessas armadilhas invisíveis em sentenças como: "Não julgue para que não seja julgado", ou: "Orai, mas vigiai", e em uma das frases das que mais gosto e que também reflete o poder da cocriação: "Vós sois Deuses! Ainda farão as minhas obras e até melhores do que estas". Mesmo diante de tanta religiosidade, muitas pessoas se perdem fazendo exatamente o contrário dos ensinamentos do Mestre, causando assim um amontoado de conexões com seres bem desagradáveis.

Depois de muito me aprofundar na tentativa de descobrir qual o caminho que esses obsessores traçavam para chegar com sucesso aos corpos astrais do ser humano, descobri a camada mais densa do Umbral, chamada "Usina". Diferentemente do que se conhece do Umbral, com lamento, sujo e cheio de sofrimento, esse lugar é astrotecnologicamente um arraso. Muito parecida com algumas estruturas futuristas já vistas em Hollywood, essa camada detém um fluxo ectoplásmico de proporções alarmantes e com a finalidade de acabar com o equilíbrio implantado há milhares de anos pelo livre-arbítrio da Criação. Desde a era de Atlântida, esse equilíbrio vem sido corrompido por esses seres na tentativa de desestabilizar a criação "Homem", mesmo ele sendo da quarta dimensão.

Uma das formas mais eficazes de detecção dessas energias é por meio de dispositivos quânticos, que fazem a conexão direta com o "Akasha" das esferas superiores. Radiestesia, Radiônica, Psicotrônica e Quantiônica são alguns caminhos para a investigação, detecção e retirada dessas conexões promovidas pelos obsessores e para atenuar várias camadas sutis das mazelas nocivas, deixadas por essas energias. Mas se você não possui um dispositivo quântico, não se assuste. Existem alguns sintomas que são clássicos, como:

• **Aumento brusco da ansiedade:** são sensações que aparecem repentinamente, causando um aumento dos batimentos cardíacos, sem motivos aparentes. Um sintoma que silenciosamente desencadeia vícios dos demais tipos (comida, sexo, drogas).

• **Sensação de não ter dormido:** mesmo quando estamos exaustos por causa de qualquer esforço físico, sabendo que deitamos e dormimos, ainda assim a mente se sente cansada e traduz de forma psicossomática para o corpo.

• **Sonhar que está fazendo sexo com estranhos:** pode ser um indício de uma grande contagem de clones e obsessores conectados. Em blocos de contagem, esse tipo de sonho pode indicar a formação de "Íncubos" ou "Súcubos". O montante desses seres, coligados e transformados em uma só energia a serviço dos comandantes das trevas, serve para sugar a energia sexual por meio das falhas causadas no Chakra Kundalini. Alguns os chamam de "demônios do sexo noturno".

• **Sonhar com seres estranhos:** esses seres "estranhos" não estão apenas na classificação de gente que nunca vimos. Alguns clientes dos quais tratei se referem, em inúmeros casos, a seres mitológicos como "ciclopes" ou seres com escamas. Esses seres fazem parte de camadas transitórias das faixas inferiores, e são comumente chamados de "répteis astrais".

• **Sonhar que briga com alguém:** esse pode ser o sonho mais comum de todos, mas em meus estudos pude notar que há uma diferença entre diagnóstico de clonagem e obsessão. Por exemplo se no sonho sentimos o contato de nossas mãos e se conseguimos sentir o gosto ou enxergar sangue. Na maioria das vezes, em sonhos comuns, não conseguimos ter a força necessária para impulsionar um soco em alguém.

• **Acordar cansado:** esse também é um sintoma típico de clonagem astral e obsessão. A pessoa dorme, não sonha com nada e quando acorda, ou parece que levou uma surra ou se sente cansada como se tivesse corrido uma maratona.

• **Acordar de hora em hora durante a noite:** ou até mesmo ter a frequência de acordar exatamente entre as 3h e 3h33 da manhã. É nesse horário que os portais se abrem e os ataques são efetivados.

• **Sentimentos de adrenalina alheia:** esse é um sentimento raro, porém denota a quantidade de energia nociva que a pessoa possui. É como se a paranoia tomasse conta de você e tudo ao seu redor estivesse atrapalhando-o, que tudo e todos estão contra você. A vontade é de machucar as pessoas, de atravessar seus caminhos, de enforcar aquele parente que lhe deve apenas 10 reais, de sair correndo e sumir. Mas é só uma sensação! Quando o equilíbrio volta ao normal, percebemos que nada passou de uma atividade extrassensorial e que não foi comandada por nós.

• **Vontade de discutir:** e na maioria das vezes sem um motivo aparente. Nas mulheres, costumo dizer em minhas palestras que quando estão sob a influência de seres malignos, elas sofrem de TPM fora de hora. Outro sintoma feminino é a menstruação desregulada com frequência. Isso pode ser um indício de clonagem astral. O ciclo menstrual tem o princípio de regular o engenho feminino dos hormônios e movimentar, através dos ciclos lunares, o poder interior das mulheres, que por sua vez são bruxas por natureza. A irregularidade desse ciclo pode modificar o sistema de defesa energético das mulheres, fazendo com que elas tomem decisões erradas, partindo desses sentimentos bagunçados pelos seres das trevas. Esse sintoma só pode ser caracterizado como obsessão e clonagem se a pessoa em questão não estiver usando nenhum tipo de contraceptivo.

• **Pequenas introduções ao desânimo:** não é caracterizada depressão ou estados depressivos. É apenas um sintoma de desânimo mental e próximo ao pessimismo. É o aumento de crenças limitantes das quais falei anteriormente. Em alguns aspectos, pode infectar tanto a psique humana, que a voz interior negativa cria um poder capaz de perfurar outras camadas e levar a pessoa a cometer atrocidades que jamais ela mesma poderá explicar.

• **Acordar com marcas no corpo:** aqui entramos no princípio da possessão. Assim como desmaios sem motivos aparentes, as marcas no corpo simbolizam que esses seres atravessaram o campo eletromagnético que subdivide nosso mundo do deles. Não apenas os portais quânticos foram atravessados, mas também os campos de força que nos protegem de esbarrar em multiversos ao longo da vida. Esses multiversos podem ser acionados uma vez ou outra por meio do *déjà vu*. Um dos casos que tive em meu espaço foi de uma jovem de aproximadamente 30 anos. Ela acordou com uma marca impressionante de uma "garra". Esse corte tinha uns cinco centímetros, e ela só poderia tê-lo feito se entortasse um garfo de três pontas e se autoflagelasse. Com certeza ela tinha uma quantidade significativa e recorde de clones astrais, magos negros e obsessores.

4. A Ação das Camadas Inferiores em Nossa Psique

Quando falamos em algum diagnóstico patológico, logo procuramos saber as causas físicas que nos levaram a esses resultados. Procuramos médicos e especialistas nos sintomas e, com certeza, sempre teremos um parecer. Mas de onde vêm exatamente as causas dessas doenças, em especial as psíquicas? Como já fora pesquisado e divulgado por inúmeros profissionais da área de saúde, hoje temos a consciência de que muitas patologias provêm da progressão psicossomática. A mente e as emoções podem causar danos e curas em nosso corpo como um todo. Mas e se esses processos fossem ainda mais profundos? E se além da psique humana houvesse um canal de passagem pelo qual enviássemos fluidos para dentro de nossos neurotransmissores? O que quero ilustrar nesta obra não é uma convocação ou manifestações contra a ciência. Pelo contrário, quero acrescentar informações que não provêm apenas de minhas pesquisas baseadas nos estudos esotéricos, radiestésicos, radiônicos, psicotrônicos e espirituais, mas, sim, em inúmeras inspirações provindas dos Mestres da Luz e Mentores que elucidam a minha mente. As ações dos sete corpos sutis ou astrais, estão ligadas diretamente aos nossos pontos energéticos, aplicados e distribuídos pelos sete Chakras principais que possuímos. Os sete Chakras são:

1. Chakra Básico: esse ponto energético é localizado na base espinhal (cóccix) e é composto por quatro pétalas de cores predominantes entre o vermelho e laranja. Ele capta a força primária da terra e serve para reativar os demais centros, influindo sobre o desejo sexual, vitalidade, relacionamentos interpessoais e a ligação com a Mãe Natureza.

2. Chakra Esplênico ou Umbilical: está localizado na região do umbigo. Possui seis pétalas, e tem uma variação de cores entre o laranja e o rosa. Atua também na região lombar. Mas a intensidade mais importante desse ponto energético é a transmissão de energia. O fluxo ectoplásmico desse chakra é o canal energético que funciona como elo entre a energia que se emana e o vampirismo astral. É por esse ponto que as energias são trocadas. Esse é o motivo de as pessoas unirem seus umbigos no ato do abraço. Em alguns casos, indico as pessoas com maior sensibilidade a usarem um esparadrapo cirúrgico quando estiverem em locais com muito fluxo de energia negativa.

3. Chakra Plexo Solar: possui dez pétalas com uma variação para o amarelo-ouro. Ajuda na regularização dos alimentos e influencia no sistema de absorção. Alguns terapeutas afirmam que ele está correlacionado ao "dinheiro". Eu prefiro dizer que em função da grande pressão exercida pelo mundo dos negócios, as pessoas tendem a ter dores na boca do estômago, onde está localizado esse chakra. Ativando suas hélices, é possível que a pessoa se sinta mais confiante e conclua com melhores decisões, sem sentir aquele frio na barriga promovido pelo medo.

4. Chakra Cardíaco: esse vórtice possui 12 pétalas e vibra na predominância da cor verde. Está localizado na região do coração e é responsável pelos sentimentos em diversos âmbitos. Regula nossas emoções e melhoras na circulação sanguínea.

5. Chakra Laríngeo: com 16 pétalas voltadas para a cor azul predominantemente, atua na área da laringe e da garganta. Regula as atividades de comunicação, dom da palavra, atuação direta sobre o que se deve ou não falar. Ajuda na audição mediúnica, ligada diretamente à glândula pineal.

6. Chakra Frontal: possui 96 pétalas. Localizado na fronte (testa), entre os olhos, é o ponto energético correlacionado ao "Olho que tudo vê". Vibrando entre a cor roxa e azul-marinho, é o chakra que regula nossas intuições, inteligência e fluidez de pensamentos. É o ativador nato da paranormalidade.

7. Chakra Coronário: possui 960 pétalas que variam entre a cor branca, violeta e prata. Localizado no alto da cabeça, é a ligação direta com o astral superior ou corpo átmico. É o ponto ligado diretamente com a glândula pineal que, por sua vez, interfere diretamente na amplitude da mediunidade de cada ser humano.

Existem outros pontos energéticos que podem estar espalhados pelo corpo, mas vou citar apenas mais um que acredito ser de suma importância nos tratamentos terapêuticos em questão: O Chakra Umeral. O Umeral se divide em direito e esquerdo.

O Umeral esquerdo está localizado nas costas, abaixo do ombro esquerdo aproximadamente um ou dois palmos. O direito, abaixo do ombro direito. Não há uma localização precisa desses chakras. Em minhas medições radiestésicas, pude perceber que em cada indivíduo o ponto do Umeral é diferente. O que ele faz quando energizado é emitir para o Umeral direito energia suficiente para equilibrar o sistema defensivo da pessoa. Ou seja, se o Umeral direito enfraquece, o esquerdo completa energia. Se o esquerdo enfraquecer, os dois começam a perder energia e o ser humano pode desenvolver alguns abalos na estrutura energética e, assim, atingir o físico.

Mas o que exatamente acontece quando uma pessoa começa a manifestar qualquer tipo de doença? Essa doença tem o princípio ativo no campo sutil. Quando os corpos sutis, que estão interligados aos chakras, sofrem alguma alteração pelas forças malignas em ação, são instalados microrganismos ativadores e potencializados pelos seres astrotecnológicos do astral inferior. É até mesmo uma situação um tanto quanto injusta, não acha? Como é que os caras do mal colocam essas coisas e os mocinhos não retiram? Ou não fazem nada para interferir? A explicação é simples. Eles já haviam instalado entre as hélices de nossos DNAs, tanto terrenos como astrais, as forças curativas que precisam ser ativadas. Não é porque o chakra sofreu uma anomalia sob a influência de um implante astral que ele vai capotar na primeira curva que fizer, mas se ativarmos esse mesmo implante com as crenças e os valores que já possuímos. Assim como temos a centelha divina, temos a maligna. Somos bons e somos maus. O chakra é um ponto energético puro e assim ele se mantém.

O que acontece é que suas hélices param de girar em alta velocidade, causando um retrocesso no ponto energético ligado diretamente às glândulas e, consequentemente, no físico. Isso quer dizer que, se um implante que pudesse amplificar uma desordem estomacal em alguém esteja atuando no plexo solar, se não combatermos com ferramentas úteis que ativem o sistema de defesa astral, provavelmente poderemos sentir essas dores em alguns dias. Se essa mesma pessoa sente essa dor e vai ao médico, ele pode dizer, pelos conhecimentos que possui, que ela teve um problema "X" e que o procedimento para regularizar deve ser o interventor "Y". Mas a causa ainda continua lá. O acúmulo dessas energias nocivas e densas pode ser ativado periodicamente. Com o passar do tempo e a negligência aos assuntos de ordem energética, essas energias criam uma crosta. Essa crosta pode ser, também, amplificada por energias telúricas e/ou contratos de vidas anteriores, complicando ainda mais o restabelecimento.

No corpo astral, conhecido como mental inferior, estão armazenadas as informações de nossas crenças estipuladas e gravadas, sem interrupções, desta vida e conectadas as fichas de arquivos de milhares de informações de outras encarnações. Uma vez ativado esse corpo sutil, sendo ou não por meio da espiritualidade, é emitida para os demais corpos a simetria de codificação necessária para o desenvolvimento mediúnico de cada ser. Isso quer dizer que uma vez dentro da espiritualidade, estamos vulneráveis a ataques frequentes das trevas. Ser médium é uma responsabilidade e tanto, não só conosco, como também com nossos semelhantes. Para conosco, é importante nos cuidarmos com as ferramentas quânticas que possuímos, assim como ferramentas externas. Essas ferramentas podem ser banhos, pedras, velas, japamalas, terços, pentagramas, etc.

Funciona de forma complexa, porém vou tentar simplificar. Imagine que seu cérebro é um computador caseiro. Você tem um super-HD, em que arquiva todas as informações, e um software que comanda todas as idas e vindas dessas informações, armazenando aquilo que quer ou não quer. Pelo menos você acredita nisso até lhe mostrarem um sistema de armazenamento chamado "nuvem". Esse sistema é gerenciado por pessoas que você nunca viu, mas mesmo assim ele armazena em segurança seus arquivos. Entre essa nuvem e seu computador caseiro, há um "servidor" com inúmeras conexões com diversos caminhos. *Grosso modo*, um dia você aperta um link errado e ativa um vírus. Esse vírus se esconde em seu computador caseiro, esperando o momento certo de outro ativador mais potente agir para que ele possa fazer seu trabalho sujo com sucesso. É uma analogia grotesca, porém pode ilustrar o que realmente acontece com esse sistema quântico de armazenamento. Nosso cérebro é o computador. O HD é a mente subconsciente que se divide em duas partes de 60% e 30%. Em alguns casos, aos arquivos temporários e de sistemas não conseguimos ter acesso. O software é nosso consciente ou estado límbico. A nuvem seria o corpo sutil "mental inferior". Ele está ligado diretamente pelo servidor, que é o elo entre as vozes positivas e negativas que possuímos. Não é a nuvem o problema, ou seja, o acesso que temos em nosso mental inferior, mas, as sujeiras que enviamos para nosso subconsciente, por meio de "cliques" em "links" errados. Quando você ativa um "vírus", a escolha foi sua. Esse ativador nocivo já estava lá e ele foi apenas ativado por você.

Dependendo do grau mediúnico ativado pelo ser humano, tendo ou não a consciência desse ato, as obsessões começam a tomar proporções. Algumas em números bem elevados e níveis que podem levar o indivíduo a estados alucinantes. É o caso da esquizofrenia, por exemplo. Muitos desses casos no passado foram abordados de forma errônea. Nem todos realmente ouviam vozes que estavam na cabeça, mas, sim, que "falavam" na cabeça. Essas vozes provêm do "mundo astral", mundo esse intermediário e mais perto dos corpos sutis, próximos da matéria. O corpo astral é um invólucro energético tão necessário à manifestação do espírito em diversas dimensões, como o corpo físico é para as manifestações durante a reencarnação. A diferença principal do corpo astral é que ele é transitado entre as faixas vibratórias que constituem nossos corpos sutis, e mediante a nossa evolução espiritual e cuidados que tomamos com tais corpos, elas podem se tornar mais densas e rarefeitas, fazendo com que o "servidor" não use nenhum tipo de "firewall" para promover tais conexões e envios de dados.

Existem os distúrbios classificados por vários profissionais terapêuticos. Os distúrbios são induções espirituais vibratórias magnéticas, eletromagnéticas, eletroestáticas ou mentais de um ser desencarnado sobre um encarnado, promovendo as possíveis vozes na cabeça de uma pessoa diagnosticada com esquizofrenia. A obsessão espiritual é a ação nefasta e contínua de um espírito sobre o outro, independentemente se estão encarnados ou não. Essa ação na maioria das vezes é consciente e, com o passar dos anos, os magos negros conseguem uma forma bem simples de manifestar essas conexões, sem precisar fazer o espírito obsediado por ele estar perto de sua presa. Ele monitora tudo de uma "central astrotecnológica", de dimensões imensuráveis até mesmo para os maiores revolucionários do mundo da tecnologia. Se falarmos em níveis de frequência, o monitoramento não é tão preciso por sorte, o que fica inerente aos magos negros e a sua astrotecnologia inferior. O Comando Ashtar foi o pioneiro nesse tipo de monitoramento, com a precisão de 1 para 1. Cada ser humano é monitorado precisamente pelo Comando. Cada pessoa tem um ser do Comando designado para instruir e cuidar. São os seres que chamamos de "Anjos Guardiões". Esse Comando Interestelar com uma frota de mais de 50 bilhões de homens no espaço estão a serviço da Cidade Dourada de Shamballa, onde habitam os Mestres e Mestras da Grande Fraternidade Branca. Por várias canalizações, o Comandante dessa frota enviou mensagens que elucidam a nossa força e ao mesmo tempo nossas fraquezas. No planeta em que eles habitam, na constelação de Alpha Centauro, não existem doenças, porque são eliminadas suas causas. O que chamamos de milagres são atos comuns em seu planeta. Essa energia é feita de uma extração da camada de múltiplas oportunidades que os físicos quânticos atualmente chamam de "colapso de fusão de ondas em partículas subatômicas em matéria escura". Uma das explicações de Ashtar é que essa matéria é o nada, e do nada são criadas e desenvolvidas todas as coisas do universo. Esses seres de muita Luz e senso de

Justiça estão à procura dos Guerreiros da Luz para que possam, em conjunto, elevar os padrões das pessoas por meio de ferramentas que já possuem, ou que o próprio Comando venha a fornecer.

Contudo, quando não estamos em um estado de vibração positivo e, para piorar, cometemos latrocínio, homicídio ou coisas terríveis do gênero, esses seres se afastam e até mesmo desligam esse contato com esses humanos. Esse é o momento em que as forças sem evolução criam a conexão, que é parecida, mas jamais eficaz como a do Comando Ashtar. O Comando monitora, porém nunca interfere nas decisões e nos processos cármicos. O que pode ser feito é amenizar o carma, mas jamais sobrepô-lo. O carma é um resgate necessário para nossa evolução. A transformação do carma por meio de resgates e mais regastes, com várias idas e vindas neste planeta, pode se transformar em dharma. O comando negro não pode interferir no carma de forma direta, mas eles conseguem uma brecha no sistema e como sempre, de forma inescrupulosa, obtêm algum sucesso nesse processo. A grande diferença de uma ação contínua por parte de uma gama de espíritos obsessores, ou até mesmo de uma série de clones astrais conectados em uma só pessoa, é a atuação de subpersonalidades reconhecidas pela técnica chamada Apometria. Essas ações são derivadas de contratos obtidos em várias vidas anteriores. A atuação desses seres, que nada mais são do que ações de multiversos independentes na escala espaço/tempo, quando desencadeados na atual encarnação, pode promover mudanças bruscas no comportamento e alterações nos níveis emocionais e mentais de quem sofre essa interferência. Um obsessor dito comum pode ser retirado, encaminhado, expulso ou até mesmo desintegrado, dependendo da mecânica energética usada para cada caso. Uma subpersonalidade não pode ser extinta e jamais expulsa. Ela tem que ser encaminhada para tratamento, por se tratar de um ser que é você mesmo, em outro multiverso. A subpersonalidade tem consciência de sua existência, mas não tem consciência de que está interferindo em sua existência nesse plano. Por ser apenas um estado vibratório de uma psicoenergética consciência e não possuir alma, essa "ficha de arquivo" adentra a frequência da vida do indivíduo, tendo a real sensação de que ele está vivenciando a parte crucial de sua vida, anterior ao seu desencarne. Essas passagens se desencadeiam em "looping", ou seja, as situações ficam em modo de repetição até que algo seja feito ou que a vida que está sendo desviada finalize o processo parecido, ou até mesmo, exatamente como a vida anterior terminou. Vou simplificar ainda mais para o entendimento de quem nunca ouviu falar em Apometria:

Imagine que você nunca gostou de amendoim. Um dia, do nada, você acorda com uma vontade incrível de comer amendoim e sai para comprá-lo. Isso é um exemplo inofensivo de um gatilho quântico, de uma subpersonalidade que em algum lugar do espaço/tempo, em algum momento em cem ou 200 anos, comia amendoim loucamente para amenizar a perda de algo. O que difere de um processo mais preocupante é que se você não for alérgico a amendoim, isso não vai interferir em sua vida drasticamente. Um processo simples como esse também não desencadeará outras subpersonalidades de pessoas ligadas ao problema em questão. Mas se for um caso de suicídio, por exemplo, que envolve uma ou mais pessoas e suas subpersonalidades, a coisa fica preocupante. Esse é um dos motivos pelos quais indivíduos se suicidam em vários lugares do mundo, sem ao menos sequer apresentar os sintomas de depressão ou transtornos de ansiedade. Mas existe ainda um quadro mais complicado que une a espiritualidade, a energia quântica e a Apometria. É quando os magos negros conseguem o acesso a essas subpersonalidades por meio dos implantes ou pelos contratos que foram feitos em algum lugar do espaço/tempo, em que a vida foi vivida. Quando falo em contrato, não estou falando de papéis assinados como pactos com o Diabo, regados a sangue ou coisas parecidas. Estou me referindo a crenças que adquirimos e aos males que cometemos em diversas vidas, e aos resgates que deixamos de promover, quando estamos encarnados. Esses contratos são amplificados mediante acesso a essas subpersonalidades, e movimentados com maior frequência e maior velocidade. Isso serve para que os seres das trevas atinjam mais rapidamente seus objetivos. Por isso que depois de tanto tempo, somos gratos por as pessoas que comandam a espiritualidade em tantos lugares do mundo admitirem a apometria como um tratamento sério e competente, capaz de solucionar os casos mais complexos em se tratando de vidas passadas.

5. O Que é Espiritual e o Que é Energia?

Como já dito, nem tudo é espiritual, mas tudo é energia. Existem várias maneiras de se detectar se o problema relacionado a uma determinada casa, ou a pessoas, é de ordem espiritual ou energética. A energia não tem o poder de possuir pessoas. Ela tem o poder de alterar o campo eletromagnético e, assim, modificar os estados sutis de cada indivíduo. Uma pessoa que passa por algum distúrbio energético pode, sim, abrir caminho para a obsessão espiritual. Uma pessoa com a obsessão espiritual já teve seu comportamento energético corrompido. Em outras palavras, se a energia estiver equilibrada, será muito difícil o contato e até mesmo a estratégia de seres que usam essa astrotecnologia obsessiva atual. O que eu quero explicar aqui de forma definitiva é que, quando somos acordados às 3 horas da manhã com uma certa frequência, mesmo que isso possa parecer estranho, na verdade é um livramento de nossos mentores que produzem energia suficiente por meio de nossos padrões vibracionais. É produzida uma força motriz que nos faz acordar naquele exato momento, nos livrando de implantes e clonagens. Se nosso padrão energético não melhorar, se nós não fizermos nada para ajudar nossos mentores, nossa faixa vibratória diminui, e consequentemente, eles não conseguem nos ajudar, e a conexão é feita eminentemente. Se isso acontece uma só vez, as milhares seguintes podem ser muito mais fáceis. Os chakras são pontos energéticos e formam um elo com os multiversos. Quando eles caem de produção, o ser humano fica vulnerável aos ataques de seres do astral inferior. Diferentemente da possessão, em que um espírito ou mais se apoderam de camadas do perispírito muito próximas do corpo físico e promovem mudanças na voz, entre outras. Os casos de possessão são incrivelmente mais difíceis de resolver, porque além do fator quântico envolvido e conectado por quem está possuindo, existe a integridade física que fica completamente escancarada pela situação de quem é possuído.

Quando digo sobre a conexão de quem possui, falo sobre o fator quântico de conexão com as fibras energéticas mais sutis em centros de energia e captação de dados para forjar inúmeras mentiras provindas do possuído. Essa estratégia é muito comum há pelo menos uns 90 anos, e esse ato vem camuflando uma ideia de que é o próprio demônio quem está ali. Eu já fiz vários desses exorcismos usando as técnicas xamãs. E percebia que havia um desdém do possuído para objetos ditos "sacros". Notei que já não tinha o mesmo "efeito" quando se mostrava uma cruz para o tal possuído. Isso se refere ao fato de que, na verdade, o espírito imundo não está propriamente ali. É como se fosse uma projeção na mente inferior, que por sua vez se faz presente em várias camadas do corpo etérico (perispírito), que se subdividem por meio dos multiversos e estão mais próximas do que as outras do corpo físico. Nesse momento eles estão usando a energia como condutor.

No caso de uma residência, por exemplo, nem tudo o que acontece de sobrenatural por lá é espiritual. Podem ser atributos de "forma-pensamento". Forma-pensamento é um acúmulo de partículas subatômicas que formam a energia "Vermelho Elétrica" (Vm). Essas energias são nocivas e ficam impregnadas em paredes, móveis, eletrodomésticos. Um exemplo clássico: um casal aluga ou compra uma casa que foi habitada anteriormente por uma família, a qual costumava frequentar mais uma determinada sala do que outros cômodos. Vamos supor que essas pessoas sempre ficavam mais na cozinha e que, por lá, costumavam travar as mais incríveis desavenças. Essas energias circulam como um espiral e grudam em paredes, objetos e eletrônicos. Quando elas se mudam, levam seus pertences e, assim, uma parte da energia impregnada com elas. Mas as paredes ainda estão ali.

Em alguns lugares do mundo, como na Alemanha, as pessoas têm o costume de contratar um profissional de Radiestesia para fazer uma limpeza energética antes de entrarem com seus móveis definitivamente. Não que não seja possível haver uma limpeza depois que os móveis já estão instalados na residência, mas seria melhor depois de uma pintura, por exemplo, uma limpeza energética. Uma casa não possui apenas essas energias Vm, mas também as energias Telúricas, energias provindas do solo. "*A observação e a experiência, principalmente quando coincidem com os resultados de outros cientistas, são, no campo das ciências biológicas, aceitas como verdadeiras, tal como as experiências na Física*", diz o médico Dr. E. Hartmann.

É verossímil quando falamos sobre irradiações e radiações. A Radiestesia é a arte de detectar radiações, das mais sutis às mais grotescas. Quando menciono "grotescas", me refiro às radiações mais comuns, como veios d'agua, ossadas, fluidos de detritos eletromagnéticos. Mas, sim, a Radiestesia é capaz de detectar energias muito sutis, como as energias de forma-pensamento e seus portais. Em uma casa podemos encontrar tanto as energias de paredes, escadas, como as de solo e subsolo. Essas energias foram descobertas pelo médico Dr. E. Hartmann e pelo pesquisador e médico Dr. Manfred Curry. Sobre a malha terrestre, existem cruzamentos norte-sul/leste-oeste e os cruzamentos nas ditas "diagonais". Os cruzamentos Hartmann (norte/sul – leste/oeste), em conjunto com os cruzamentos diagonais (noroeste/sudoeste/sudeste/nordeste), podem ser tão nocivos ao ponto de amplificar ou até mesmo iniciar um processo cancerígeno no indivíduo que fica exposto a esse cruzamento mais de duas horas por dia.

Existe alguma possibilidade de qualquer ser, seja ele das camadas Umbralinas, seja ele de dimensões diferentes da que estamos agora, ou até mesmo de outras galáxias, ser capaz de captar essas energias e transformá-las em portais energéticos para facilitar o trabalho sujo dos magos negros? A resposta é, sem dúvida, sim! E comprovei isso na prática. Certa vez, fiz uma Radiestesia em uma residência e dentro dela havia 121 obsessores conectados com o local. Havia um guarda-roupas com sua porta completamente espelhada, voltada para os pés da cama do casal e, embaixo da cama, um cruzamento energético nocivo "Hartmann/Curry". Eu realmente sou muito grato por toda a experiência que adquiri durante minhas buscas espirituais. Tive muita sorte de ter mentores maravilhosos, que me induziram a lugares excepcionais, que me trouxeram inúmeros conhecimentos ao ponto de eu conseguir desenvolver ferramentas quânticas e geometria sagrada para ajudar pessoas nessas ocasiões. Desenvolvi um "bloqueador de espelhos", que faz um fechamento total de qualquer espelho ou portal nele colocado. Na Radiestesia, usamos gráficos com a geométrica sagrada. Isso é Radiônica. Eu uso para neutralizar os pontos energéticos detectados pelo processo radiestésico. Já estive em casas onde não havia nenhuma atividade extrassensorial atribuída a obsessores, mas em compensação, havia uma atividade extraterrestre tão implicante que foram promovidas marcas no teto. Com toda certeza, após a chegada de nossos "amigos" interplanetários e de suas tecnologias marcantes, que implantaram algumas pessoas que lá dentro estavam, eles tiveram alguns problemas para continuar com seu processo de obsessão, já que as naves do comando estão ao nosso favor e, quando acionadas da forma correta, promovem as curas mais impressionantes que podemos conceber dentro de um poder que eles chamam de Raio OnoZone. Raio OnoZone é a projeção natural que se ramifica em várias canalizações de seres que se propõem a executar os processos curativos ao redor do planeta. Esse raio pode se manifestar em diversas formas com vários nomes, e esses nomes podem variar de região para região, religião para religião, nação para nação. Chamam essa energia de Ki, Chi, Prana, Vrill, Espírito Santo, etc.

Em outro caso, houve uma certa inversão entre energia e espiritualidade. Uma pessoa me chamou para tentar ajudar seu filho. Ela falou que ele estava muito estranho e que não saía de seu quarto. Disse que, há algum tempo, vinha usando palavras estranhas quando se referia a ela, e falava coisas desconexas como: "Você não pode ser minha mãe". A diferença nessa história é que os pais do garoto haviam construído a casa e o terreno estava em perfeitas condições energéticas. Eu perguntei para a mãe do garoto há quanto tempo ele estava demonstrando esse comportamento e ela disse que desde que havia completado 12 anos. Ele estava com 14. Peguei minhas coisas e fui à casa dela. Chegando lá, pedi para subir para tentar falar com o garoto. Ele gritou de fora do quarto que a porta estava aberta, e eu entrei. O quarto estava escuro, com a TV ligada e uma penumbra muito estranha no ar. Uma fumaça de frio saiu de minha boca. O rapaz estava enrolado em seu cobertor. Olhou para mim e eu, sem titubear, disse:

– Tudo bem? Sou amigo da sua mãe. Meu nome é Luciano.

Ele ficou me olhando e não respondeu. Então prossegui olhando para a TV, que estava passando um desenho mangá. Comentei sobre o desenho e ele demostrou interesse em conversar comigo. No final, ele estava sentado na cama, rindo e eu já havia aberto a janela. Depois pedi licença para conversar com sua mãe e saí do quarto. Perguntei-lhe se ela havia praticado algum aborto, e ela confirmou. O aborto é um crime físico e espiritual. Algumas crianças abortadas não entendem esse processo e tentam mostrar para os pais, por meio do primogênito, o quão estão tristes, bravas, com ódio por terem sido rejeitadas, por terem sido impedidas de vir. Quando não há a concepção e a formação completa do feto, ou seja, quando ele ainda está em fase de formação, o espírito que está prestes a encarnar é um espírito adulto. Quando a concepção esperma/óvulo é feita no útero da mãe, o processo de reencarnação é acionado e as fichas de arquivos se alteram. Quando o bebê é retirado do útero da mãe, a alma consciente do que está acontecendo e a ficha de consciência que vai saber exatamente o que a mãe fez voltam para uma câmara regeneradora em alguma colônia astral, para que seja aprimorado um acoplamento, semelhante ao nascimento. Esse é o motivo pelo qual, por diversas vezes, quando faço o encaminhamento de anjinhos abortados na Mesa Radiônica Psicotrônica, eu os vejo com a idade que eles teriam, se estivessem vivos. Isso é um espanto, tanto para mim, quanto para as mamães que sentem a presença e pedem perdão para seus filhos, assumindo a maternidade e dando a liberdade para que esses seres possam ser encaminhados novamente para um processo de reencarnação ou para outras direções que são dadas pelos seres da luz.

Agora, pode haver uma pergunta do nosso querido leitor: *"Esse caso não teve nada a ver com a energia, certo?"* Aparentemente não, mas seria um equívoco pensarmos assim. A frequência vibracional da mãe que promoveu o aborto despencou e trouxe todas as possibilidades de caminhos energéticos para seres malignos se apoderarem da força que habitava aquela família. O filho, por influência do espiritual, baixou sua frequência energética e começou a repudiar a mãe. O pai, por não entender o que acontecia nem ter aceitação espiritual para lidar com isso, reclusou sua energia e não ajudou em nada, porém o uso de drogas e a traição recorrente com outras mulheres inundaram aquele lar com energias da pior espécie, e os grandes portais que haviam por lá foram amplificados e outros, como as energias telúricas, foram acionados. Depois que pedi o encaminhamento desse anjinho, fiz uma Radiestesia na casa e, graças aos Deuses, tudo voltou ao normal. Nem tudo é espiritual, mas tudo é energia! Lembre-se: *"A Magia é energia, ou a arte de manipulá-la!"*.

6. Sua Casa, Sua Fortaleza – Observe Seu Espaço

Você já deve ter entrado em algum lugar e sentido a energia que rondava o entorno, não é? Até mesmo algumas pessoas que não são tão sensíveis já tiveram essa experiência, com dores de cabeça, pescoço pesado ou até mesmo tonturas e formigamentos. Se esses sintomas estiverem presentes em sua vida cotidiana, é preciso procurar ajuda de um profissional da medicina também, é bem provável que você captou a energia do ambiente. Uma casa pode ter um histórico, dependendo do seu ano de construção, de seu solo, das pessoas que ali viveram e de como elas viveram. É muito comum indivíduos que fazem passeios por sítios, onde ali houve a escravatura, escutarem durante a noite gemidos ou até mesmo atabaques e cânticos. A energia fica impregnada no local. No capítulo anterior, falei sobre algumas energias e alguns fragmentos para possíveis portais, como o espelho. Mas existem outras situações que podem acarretar sérios problemas de saúde, física e mental. Uma torre de celular no topo de um prédio, por exemplo, emite uma quantidade avassaladora de energia eletromagnética, achatando a energia com a pressão do que vem do subsolo. Isso pode fazer pessoas desenvolverem enxaquecas, insônias, dores pelo corpo, tumores e transtornos emocionais. Para neutralizar esse tipo de energia, a maioria dos radiestesistas usa métodos como gráficos geométricos, tanto de cobre como de PVC, ou pedras preciosas e torres de orgonite. Dependendo da situação, o local deve passar por um processo que se chama "geoacupuntura".

São usadas torres de orgonite em formato de agulhas para neutralizar os campos nocivos. Muito foi falado nesta obra sobre energia eletromagnética. A energia eletromagnética é nociva para o ser humano, pois se trata da junção de duas energias: a elétrica, que repele, e a magnética, que atrai. Quando não sabemos que tipo de energia está interferindo em nosso lar, indico sempre o uso do "palo santo". É uma madeira peruana, como o nome já diz "madeira sagrada", que faz uma limpeza purificadora em vários níveis de frequência, agindo principalmente na energia (Vm – vermelho elétrica), da qual falei anteriormente. O palo santo pode ser usado em pessoas, próximo do corpo, para a limpeza de miasmas e larvas astrais. É muito comum quando uma pessoa usa o palo santo pela primeira vez sentir-se arrepiada. Isso porque as energias nocivas entram em um colapso e se traduzem em forma de arrepio para o corpo físico.

Quando uma casa aparenta alguns sintomas, é necessário prestar atenção. Alguns sintomas podem ser:
- paredes que racham sem motivos aparentes;
- infiltrações;
- mofos sem procedência;
- insetos e bichos peçonhentos, se o local for urbano;
- objetos que quebram à toa;
- objetos se movendo de lugar durante a noite;
- ruídos noturnos como passos, estalos, portas batendo ou janelas;
- odores que se apresentam sem um motivo específico.

Uma casa em perfeito estado de conservação ou, até mesmo, uma nova construção podem apresentar problemas de ordem energética, ainda assim. Já fiz Radiestesia ambiental em muitas casas que estavam em perfeito estado e com quase nenhum sintoma em sua construção, como mofos, infiltrações ou rachaduras. Todavia, a energia que alguns cômodos da residência apresentavam era de um ódio tão implacável, que impregnava o restante da casa. Nesses casos, a solução foi mais espiritual do que energética. Às vezes penso que não dá para ter uma divisão exata entre espiritual e energia. As duas situações andam lado a lado. Dentro de uma casa pode haver um veio de água que corta uma sala e vai até a cozinha, por exemplo. Esse veio foi instituído por causa de um vazamento que não foi resolvido há mais ou menos uns dois anos. Essa anomalia telúrica vai agir sugando a energia de quem estiver por mais tempo exposto a esses locais da residência, mas não vai afetar outros cômodos distantes que não fazem parte da planta da casa. É exatamente aí que os ardilosos das trevas entram em ação e transformam um simples veio de água em um irrigador quântico para vários portais preexistentes na casa. Eles usam essa energia para trafegar a energia de implantação de seus planos maléficos. Instalam na fonte energética emitida pela energia telúrica um MOS (Micro-Organismo Sensorial) que percorre o caminho da energia, criando afluentes e, desses afluentes, passagens energéticas para novos implantes. Quando esse MOS descobre um portal energético, mediante uma ou mais falhas dos seres que habitam a residência em questão, ele se aloja e monitora o comportamento de todos que ali estão, em busca de se defender primeiramente, analisa o terreno para depois o usar em um processo de ataque preciso. Se nessa mesma residência houver um ou mais médiuns, que não se protegem ou que não utilizam sua energia para a missão que lhes fora designada, o ataque será provavelmente em direção dessa pessoa. Se nessa mesma residência houver alguém extremamente fanático e radical com sua religião e intolerante, vai sofrer as mesmas retaliações, só que de forma bem diferente, do médium em questão. Isso foi apenas um exemplo que usei para ilustrar o funcionamento, mas já me deparei com seres bem enfáticos no quesito não gostar do ser humano. E em uma dessas batalhas, que venci com a ajuda do querido e amado Arcanjo Metatron e toda a hierarquia dos Arcanjos da Luz, um dos pontos fatídicos que fizeram esse "anjo caído" perturbar uma família foi o fanatismo religioso. Vou explicar como isso aconteceu. Há muitos anos, tive uma iniciação em um processo xamânico de cura e proteção. Foi uma experiência muito gratificante e inovadora. A experiência desse processo serviria mais tarde, para os propósitos que o universo se encarrega de colocar em nossas vidas. Em meio a muitos shows, correrias com produção e a vida cotidiana, eu conseguia tirar um tempo para os afazeres místicos e espirituais.

De certa forma, a nomenclatura se modificava, mas a fonte curativa e os Mentores que nos davam a permissão para manipular a energia eram os mesmos.

Houve incríveis relatos de cura, até mesmo do grande mal que é o câncer, que assola a maioria das pessoas. Por se tratar de um processo interno, os Mestres que se conectavam na ocasião, e ainda se conectam com os novos métodos, sabiam que era preciso um despertar da consciência para obter o resultado desejado. O que falta muitas vezes não é a crença na cura, mas o desapego total pela doença e suas causas, como se ela realmente não tivesse espaço para existir dentro de nós.

Antes de essas curas tomarem uma proporção mensurável nesses tratamentos, houve um acontecimento que eu considero extraordinário. Não apenas pelo que ocorreu na época, mas pelos acontecimentos posteriores, que foram e ainda são esclarecedores e incríveis reveladores de tamanha energia, concentrada por meio de Radiônica e energias similares.

Eu estava em casa, terminando um arranjo musical, quando meu telefone tocou e era um amigo desesperado, dizendo que não sabia mais o que fazer com sua esposa e que já chamara um padre para realizar um tipo de "exorcismo", mas que não havia surtido o efeito nesse caso, especificamente. O sacerdote precisava da autorização da Diocese para a realização do ritual que é feito há milênios. Esse amigo era extremamente fanático por sua religião e a nossa concordância com alguns tópicos colocados por ele como "imutáveis" era bem pequena. Por isso fiquei espantado e cheguei a questionar o porquê da ligação para mim. Um de seus argumentos fora o de que ele não poderia esperar a conclusão da decisão do clero, pois poderia não haver mais tempo para salvar a sua esposa. Eu não tinha nem tenho nenhum estereótipo ou pretensão de ser um "homem santo", mas senti naquele momento um ímpeto e uma força sem igual, que tomou conta de minha alma e me fez ter a coragem para dizer: *"Estou indo para aí"*. Arrumei meus utensílios e parti. No caminho, sentia que havia alguém colocando informações em minha mente, do tipo *"haja o que houver, não sinta medo"*; *"Estamos com você e não vamos deixar que nada lhe aconteça"*.

Quando cheguei à casa, o filho e a namorada dele abriram as portas para mim. Eu senti um frio estranho, já que na ocasião fazia 29 graus. Eles estavam pálidos e com o semblante amedrontado. Perguntei onde estavam, meu amigo e sua esposa, e me informaram que eles estavam no quarto do casal. Na casa em si senti que havia seres com a vibração extremamente baixa e que deixavam o local em uma espécie de "penumbra". O casal me contou sobre os vários eventos estranhos que estavam ocorrendo na residência. Era um local grande e bonito, mas as pessoas que moravam lá não queriam mais estar ali. Contaram-me que antes de a mulher do meu amigo ser tomada pela força sinistra, ela havia tido desmaios e convulsões. Os exames médicos não apontavam nenhum tipo de distúrbio neurológico. Quando entrei no quarto, pude sentir um cheiro forte de enxofre e vi meu amigo sentado próximo à cama e sua esposa, que era relativamente "magra e pequena", amarrada pelos braços e pelas pernas nas extremidades da cama. Quando ela me viu, olhou diretamente em meus olhos e começou a rir, de forma sarcástica. Ela estava completamente desfigurada, mas ainda assim, era ela. Estava com a pele amarelada, quase em um tom verde. A voz estava modificada em frequências estranhas e ela começou a dizer coisas do tipo: *"Você aqui? Mas você não é padre!"*, ao mesmo tempo que gemia e se contorcia. Ela começou a atacar-me de forma certeira, como se fosse uma vidente, tentando me intimidar de todas as maneiras. Com certeza não era ela. A explicação que me fora dada anteriormente, sobre a projeção das entidades ditas malignas era algo que naquele momento eu não tinha o menor conhecimento, mas pude perceber não apenas as intenções daquele ser, como também as conexões com a residência. As paredes da casa estavam rachando e no quarto já havia sinais de infiltrações.

Eu nada respondi e isso deixou aquele ser bem irritado. Estava conseguindo o que queria, já que aprendemos nas tradições sobre esses espíritos que não devemos entrar na vibração deles. A melhor situação nesses casos é não dar atenção ao que se é dito. Iniciei o processo do ritual e, depois de um tempo rindo de alguns preceitos que eu estava usando, ela se sentiu ameaçada e conseguiu arrancar um dos braços amarrados e consigo um dos balaústres da cama.

Eu pedi para o marido e o filho segurá-la e amarrá-la outra vez! Ela gritava, xingava e se debatia, fazendo a cama balançar junto! Uma cena bem estranha.

Depois de um bom tempo de rezas e trocas de elogios nefastos entre ela e provavelmente o ser que estava possuindo-a, verificou-se uma calma como se houvesse uma desistência da bizarra energia que estava comandando toda aquela ação. Sem mais delongas, perguntei, em tom de autoridade máxima: *"Qual é seu nome?"* Ele relutou por algumas vezes, mas enfim acabou dizendo. O espanto tomou conta de todos, por se tratar de um "anjo caído". Evidentemente, que o próprio não estava incorporado nela, e sim um enviado necrófilo e de tal modo "medroso", a ponto de ter revelado o nome de quem o comandava, no processo astrotecnológico explicado anteriormente. O sistema para a retirada "daquilo" se tornou mais preciso e, enfim, continuei. Logo depois de dizer o nome e a continuidade do ritual, ele olhou fixamente em meus olhos, fez uma pequena pausa e com uma mudança na frequência vocal, deixando a voz da mulher mais sussurrante, disse: *"Um dia vamos nos encontrar novamente!"* Eu confesso que estava com medo, mas naquele instante senti estar realmente amparado de alguma forma e respondi: *"Eu vou estar lhe esperando..."*

A mulher voltou ao normal, fizemos as devidas orações e a família ficou feliz. Tudo acabou bem, graças a Deus e aos Espíritos amparadores! A casa ficou mais "clara" e os odores repulsivos desapareceram por completo. Eu estava realmente aliviado e emocionado com o que acabara de acontecer. Claro que esse casal se interessou em outros dogmas e doutrinas, e aplicaram evangelhos seguidos nesse lar, além das reformas necessárias na casa. Posteriormente, pude fazer uma Radiestesia completa no recinto, para uma blindagem completa das energias. Logo após esse episódio, tive alguns casos mais simples de desobsessão, que com certeza não dispuseram de tanta energia para a solução do problema.

Mais ou menos 15 anos depois, eu de fato "dei de cara" com esse indivíduo novamente. Na maioria das vezes, ele vem cobrar pactos feitos nesta ou em outras vidas. Ataca a família inteira, mas a possessão só se dá realmente naquela pessoa que tenha a "mediunidade aflorada". Algumas pessoas me perguntam: *"Mas somos tão religiosos! Mesmo assim sofremos esses ataques?"*. Com certeza o problema não é a religiosidade, mas o *"fanatismo e a intolerância"*. Seres como esse gozam de muita sabedoria ancestral e sabem de forma contundente que o fanatismo gerou muito genocídio e guerras fratricidas, ao longo da história da humanidade. Para eles, isso é um prato cheio de sangue e de energia de culpa. A verdadeira religiosidade não é corrompida pelo preconceito que o fanatismo gera na maioria das religiões. Um ser religioso, livre de pragmatismos e de conceitos adquiridos ao longo de toda a jornada espiritual da Terra, tem mais chance de se ver livre desses ataques periódicos. Outras dizem: *"Mas como eu poderia sofrer tal ataque, se nem médium eu sou?"*. Um dos maiores erros do ser humano é achar que é pequeno o bastante quando se fala em Amor, Caridade e Sensibilidade, perto da imensidão criada pelo Espírito da Criação; além disso, achar que o Diabo não existe e, o pior, que ele é um ser "feioso" e que só quer acabar com nossas vidas, sem propósito algum. Anjos Caídos, como é o caso desse ser, não colocam a mão na massa. Ele comanda os piores seres das esferas inferiores e os envia para realizarem o serviço sujo. Em específico, esse ser é o que comanda a inspiração dos maiores arsenais bélicos da face da Terra, intuindo homens a matarem uns aos outros, inspirando a criação de armas e artefatos explosivos. É o que mais recebe propostas de "pactos" durante séculos e séculos, causando maldições em famílias durante gerações.

O que ele não esperava é que, para manter o equilíbrio gerado pelo poder da Criação, alguns seres das esferas superiores estão contatando grupos de pessoas no intuito de auxiliar no combate a esse desequilíbrio gerado por seres das esferas angelicais que não cumpriram os desígnios dos comandos do Criador. Muitas pessoas ao redor do mundo fazem esse tipo de trabalho, como eu. Quando comentava sobre esses assuntos na década de 1990, eu era totalmente desacreditado e virava motivo de chacota. Isso me fez trabalhar em uma linha diagonal, até o dia em que eu poderia falar abertamente sobre esses seres e sobre o poder de ação que eles têm. Poder falar sobre como conseguem atingir pessoas não apenas pelas suas condições vibracionais, mas também por meio de portais energéticos provocados pelas energias telúricas, ou pelo descaso e desleixo dos moradores de uma residência.

No caso dessa família, após 15 anos, houve uma tentativa desse ser para desarmonizar de vez a fé de quem vivia em oração constantemente. Ele estaria atrás de mim? Não. Posso dizer que fui mais uma vez uma pedra em seu caminho e graças às forças arcangelicais, não sofro as retaliações que poderiam realmente acabar com a minha vida. Arcanjos Miguel, Gabriel, Samael, Zadquiel, Raphael, Cassiel, Anael e Metatron, seres extrafísicos de várias confederações intergalácticas, sob o comando direto do Mestre Sananda (Jesus), foram os responsáveis diretos pela carceragem dessa energia que estava os assolando, por intermédio do trabalho Radiônico, pela Mesa Psicotrônica. Eu fui, mais uma vez, o instrumento para tal feito. Gratidão por isso!

Depois de feita a limpeza em diversos graus, houve alguns ataques literalmente físicos em pessoas próximas, ligadas àquelas tratadas em questão. Ataques esses dos seres que ficaram sem seu "Mestre" para saber qual direção tomar. Foi então que os Mestres da Luz realizaram a retirada e o encaminhamento dos seres, para os lugares de recuperação e aprendizado. O efeito da energia provinda das esferas superiores não nos abandona de forma alguma, e todas essas pessoas foram "blindadas" para qualquer ataque futuro. Com relação a mim? Eu estou feliz e agradecido por ter sido, mais uma vez, o canal para realizar tal feito e estou solícito, caso as Energias do Astral superior precisem. Com o uso de gráficos, tarô Psicotrônico, Mesa Psicotrônica e muitas orações, conseguimos expulsar desse lar esse ser perverso que não se cansa em sua missão de arruinar famílias e seus lares.

Observação: Todas as pessoas podem trabalhar com os dispositivos quânticos, mas é necessário obter um cuidado especial para não acessar erroneamente comandos contrários de esferas inferiores ou planetas conhecidos como "planetões".

7. Ferramentas e Soluções

Queridos leitores, não é fácil manter as vibrações 100% equilibradas e em alta frequência. Em nosso dia a dia, contas para pagar, relacionamentos com familiares e amigos, e os aparentes inimigos que fazemos nesta e em outras vidas consomem muita energia. Por

isso, precisamos estar atentos para não sermos inundados por energias nocivas que podem nos prejudicar além de nossa capacidade física e mental. Como expliquei anteriormente, existem relatos de que, desde a concepção do feto, a consciência universal já é instalada de maneira integral. Isso foi constatado cientificamente. Porém, há um adendo a ser observado pelos pesquisadores quânticos de que a concepção integral da consciência é feita apenas no plano atômico e assim por diante, fluidificando os vários corpos e consciências que possuímos. Em outras palavras, o que é formado de maneira integral é o "subconsciente". Imaginemos um super-HD com inúmeras informações, subdivididas em códigos genéticos quânticos, adquiridos por meio de várias reencarnações que chamamos na Apometria de "subpersonalidades". Essas subpersonalidades, enquanto viviam sua trajetória sobre a face da Terra, adquiriram "bloqueios inconscientes", desengatilhados por vidas anteriores ou, até mesmo, pelos traumas da vida decorrente.

Existe um estudo chamado dianética que trata exclusivamente desses bloqueios na parte do nosso subconsciente que se chama "sombra". Podemos adquirir esses bloqueios ao longo da vida, porém ela os cria apenas no âmbito físico-mental. E os resultados são impressionantes, quando as pessoas que adquirem esse conhecimento se entregam de corpo e alma para curar seus inúmeros bloqueios. A diferença entre esse tipo de tratamento e o tratamento quântico, como o que foi desenvolvido pelos meus Mentores e facilitado por mim por intermédio da Mesa Psicotrônica, é a forma consciente de chegar aos "PICOS" de bloqueios e resigná-los de maneira quântica. Durante a trajetória da vida, desde o nascimento, nós adquirimos inúmeros bloqueios e de vários portes. Acabamos de nascer e já levamos um tapa no bumbum, para poder respirar. Bloqueios do tipo: *"Você pensa que dinheiro dá em árvore?"* estão implantados em um nível simples de bloqueio sobre prosperidade, fazendo com que sua mente sempre lhe diga: *"Seu dinheiro nunca vai render"*, quando você precisar gastar algo ou para investir em um negócio, ou até mesmo para comprar alguma coisa. Consequentemente, a energia cósmica universal, não querendo que você se sinta mal por isso, faz com que você ganhe apenas o suficiente para não ter estresse. A parte complicada de adquirir um bloqueio como esse é a amplificação do sentimento sobre esse assunto, por parte da hierarquia maligna. Veja bem, não é o mal que faz com que você não ganhe dinheiro, mas o sentimento que você tem por causa do bloqueio implantado anteriormente. O que o astral inferior faz é simplesmente "crescer" essa crença limitante dentro de uma parte de seu inconsciente que, por sinal, é de difícil acesso.

Outro tipo de bloqueio comum é: *"Cuidado! Você vai ficar doente!"*, e de novo sua mente o sugestiona no futuro como um ser fraco que sempre pode pegar uma doença a qualquer momento. Consequentemente, a cura fica mais complicada de ser efetuada, em quase todas as características. Estamos falando de uma sucessão de pequenos bloqueios, porém quando um bloqueio atinge um pico na escala, ele forma um gatilho, o qual é a força retentora de várias progressões em nossas vidas. Uma ferramenta muito usada para eliminar esses picos de bloqueios é a autoafirmação positiva. Funciona em alguns níveis, mas quando estamos com crostas energéticas muito pesadas, se torna uma balela por parte de nossa psique e é bem provável que aconteça um autoboicote. A forma mais precisa de se adquirir sucesso nas afirmações positivas é senti-las. Como sentir um sucesso se ele ainda não aconteceu? Como agradecer algo que ainda não veio? Esses questionamentos são comuns e confesso que tenho certa preocupação com esse procedimento e vou explicar o porquê. Quando fazermos algum tipo de treinamento para motivar nossas vidas, saímos dele com a sensação de que tudo será incrível e que somos donos de nossas próprias vidas. O que muitos desses treinamentos não explicam é que o poder da cocriação é um fato, mas dependendo do processo que é utilizado, pode gerar uma ansiedade preocupante. Dessa ansiedade é gerada uma expectativa e, quase sempre, expectativa gera frustração. Em vários livros, documentários e vídeos explicando a lei da atração, pude perceber o efeito da "gratidão". Sim, é uma verdade realmente e pude comprovar em minha vida. Quando exercemos a gratidão, movimentamos a energia para as forças benéficas usarem nosso sentimento de amor pela situação que estamos agradecendo, nos trazendo mais do mesmo. Vejo o sentimento de gratidão como a grande chave para o processo de saída imediata das vibrações densas. Mas como exercer a gratidão por alguém que nos feriu profundamente? Usando nossa mente consciente para enxergarmos que nem tudo o que vivemos, ou com pessoas ou ao longo da vida, foi ruim. Sempre temos algo para agradecer.

Se você está passando por alguma coisa desagradável hoje é porque precisa aprender ou resgatar algo. É a energia da causa e efeito, que movimenta esse universo de infinitas possibilidades. Pessoas podem ter problemas com os pais e mesmo assim se lembrar de agradecer que eles nos deram a vida, a oportunidade de poder estar aqui para evoluir por meio do resgate cármico. Eles fizeram o que sabiam e nos deram o que tinham para dar, mediante seus conhecimentos. A gratidão é uma ferramenta importantíssima para a abertura de novas frequências, e um canal direto para que os seres superiores tenham acesso às camadas energéticas clonadas e implantadas.

Certa vez, atendendo uma cliente, detectei que ela estava sofrendo em seu relacionamento e esse já era o terceiro em sua vida. Existem alguns padrões que se repetem quando os bloqueios são de ordem traumática. Quando partimos para a detecção dos picos de bloqueios, foram detectados três picos. Isso é um tanto quanto normal em um ser humano de aproximadamente 30 a 40 anos, mas não quer dizer que tenhamos apenas esses três picos e só. Nesse tratamento, são mostrados pelos seres superiores e pelos Senhores do carma apenas os três picos urgentes para serem tratados. Um dos picos estava na faixa dos 15 a 16 anos da pessoa. É importante nesse momento que a pessoa se lembre do acontecimento de sua vida, mas não é imprescindível para a remoção do gatilho. Na ocasião, a cliente não se lembrava de nenhum acontecimento que pudesse comprometer sua vida atualmente. Eu, então, insisti que poderia ser qualquer coisa, inclusive qualquer situação que poderia aparentar ser a mais simples, no momento. A cliente se lembrou de um acontecimento, que ela declarou como "besta", relatando que nessa época tinha um namorado e ele a deixou. Disse que ele a tinha traído com outra menina, mas afirmou com certa convicção: *"Ah, mas isso foi coisa boba de adolescente!"*. Bingo! Eis o pico de bloqueio! Até mesmo um simples bullying sofrido de forma minúscula pode gerar padrões em grande escala e tornar uma pessoa boa em um sociopata, chegando a desenvolver uma psicopatia. Por que esse simples acontecimento, tão insignificante, poderia causar uma sucessão de bloqueios traumáticos na vida dessa pessoa? Pelo simples fato de que, no momento em que tudo aconteceu, ela sofreu demais. Um acontecimento desse porte, para um adolescente, é o fim do mundo e isso faz com que o subconsciente, por meio dos sentimentos despejados em suas células, arquive o parecer como "gravíssimo". A partir desse ponto, tudo que for relacionado com aquele momento em específico é uma situação de alerta e, mais uma vez, ressalvo que pode ser ampliado em nossos corpos sutis pelos seres das trevas.

Um cheiro, uma cor, uma palavra, uma mudança climática, uma mudança na rotina ou até mesmo o simples fato de se relacionar podem desencadear padrões repetitivos e, a cada repetição, o gatilho cria forças e promove uma crosta quase impenetrável. Depois de retirado esse gatilho, os sentidos não se prendem mais ao padrão repetitivo e a pessoa fica livre para fazer sua escolha, como tem que ser. Esse não é um processo hipnótico, que faz com que a pessoa regrida no tempo e vivencie o acontecido, mas uma retirada quântica dos gatilhos adquiridos ao longo da vida. Se a pessoa toma conhecimento de que está livre para escolher, nada a impede de seguir um caminho diferente para sua vida. Relatei apenas um caso simples para poder ilustrar, porém esses picos podem chegar a um grau tão perigoso, que a junção de mais de um bloqueio pode afetar indiretamente outras áreas da vida e não, necessariamente, aquela que a pessoa acredita que está sofrendo em questão.

Alguns dizem que os bloqueios são adquiridos por nós mesmos e que somos culpados por nos deixar influenciar por tais condutas. Eu concordo em partes quando se fala em deixar que outros tomem a decisão por nós, influenciando-nos para seu próprio benefício. Existem pessoas iluminadas que usam a Programação Neurolinguística (PNL) para ajudar pessoas em seu processo de limpeza em bloqueios mentais e emocionais, porém como tudo na vida tem dois lados, há pessoas que usam disfarçadamente essa técnica para benefício próprio, ativando o subconsciente em massa.

Quando nos aprofundamos no universo do conhecimento quântico e do nosso super HD, que possuí um mecanismo relativamente próprio, percebemos que seria impossível o software da consciência humana gerenciar todos esses afluentes de arquivamento que a nossa mente é capaz de armazenar.

É aí que entra a segunda ferramenta, o segundo poder, um poder mais profundo e que promove curas das mais extraordinárias:

o perdão. *"Perdoar não é aceitar o fato, e sim dar uma chance para limpar seu coração da mágoa e do gatilho que está lhe prendendo."* O exercício do perdão é uma ferramenta muito poderosa, capaz de unificar e traduzir para o universo que você está realmente usando a ferramenta da gratidão, de verdade. Quando disse anteriormente: *"Perdoar não é aceitar o fato"*, é porque você não precisa de imediato ir atrás da pessoa que lhe fez mal para movimentar as energias que o estão prendendo como uma bola de ferro em seus pés. Uma atitude como essa só pioraria as coisas. Isso é um processo interno, silencioso e muito emotivo. Uma forma de utilizarmos o perdão são as orações para perdoar, como o Ho'oponopono. Literalmente, na língua havaiana, Ho'o significa "causa" e ponopono é definido como "endireitar, arrumar, alterar, revisar, ajustar, corrigir, ordenar". Ho'oponopono significa "corrigir um erro" ou "colocar em ordem perfeita". Essa técnica havaiana foi fundada pela senhora kahuna Morrnah Nalamaku Simeona (19 de maio de 1913–11 de fevereiro de 1992), que, ao estudar as tradições havaianas, acabou criando e atualizando as bases desses ensinamentos para os tempos modernos. Ela idealizou o Ho'oponopono de Identidade Própria que, de forma distinta do Ho'oponopono Huna, nos traz uma proposta de trabalho intrapessoal de autocura. Você pode usar neste livro as frases a seguir, e uma forma que me foi revelada pelos Mentores para a utilização:

"SINTO MUITO
ME PERDOE
TE AMO
GRATIDÃO"

"SINTO MUITO
TE PERDOO
TE AMO
GRATIDÃO"

"SINTO MUITO
ME PERDOO
ME AMO
GRATIDÃO"

Na primeira estrofe, você deve visualizar as pessoas que merecem sim o seu perdão. Aquelas que, em seu momento mais íntimo de reflexão, sabem que precisam perdoá-lo. Visualize essa pessoa com força! Sinta ela perto de você, mesmo que já tenha desencarnado. Mentalize que você está dizendo para ela diretamente. Olhe em seus olhos... Chore se for preciso... Sinta com todas as forças do seu ser... Você sabe bem lá no fundo que você tem algo para agradecer sobre essa pessoa. Repita essa frase lentamente 20 vezes. Faça esse procedimento por 20 dias consecutivos. A segunda estrofe é muito forte também. Você precisa exercer o perdão para se livrar de sentimentos como raiva, ódio, rancor. Faça o mesmo processo de visualização. Talvez seja mais difícil pelo fato de você estar do outro lado, mas não é impossível. Você deve sentir exatamente o momento em que essa pessoa em questão lhe fez o mal que o assola e que não deixa sua vida andar. Olhe em seus olhos e perdoe! Perdoe do fundo de sua alma e de seu coração... Você também deve ter algo de bom para agradecer a essa pessoa... Ela o fez aprender algo... Ela lhe ensinou algo. Repita essa frase lentamente 20 vezes. Faça esse procedimento por 20 dias consecutivos, junto com a primeira estrofe. A terceira é a mais importante de todas. Você precisa parar de se culpar pelos erros do passado. Precisa encontrar a si mesmo(a), em uma escala de sua vida, e se perdoar por aquele erro que o trouxe na condição que está hoje. Você precisa se libertar desse fantasma, seja ele adolescente ou não. Faça esse processo de visualização encontrando exatamente você, como em uma máquina do tempo, e se perdoe! Faça esse procedimento por 20 dias consecutivos, junto com a primeira e a segunda estrofes.

Lembra-se de quando falei anteriormente que as grandes armas do lado negro da força eram o medo e a culpa? Essa é a hora de tirarmos as armas das mãos do verdadeiro inimigo. Com certeza, há um momento em que você se culpa pelas consequências em que está vivendo. Se você passou por alguma sessão de autoconhecimento como *coaching*, por exemplo, deve ter ouvido a frase: *"A vida é feita de escolhas"* ou *"Você deve se tornar a melhor versão de você mesmo"*. Peço desculpas aos profissionais do ramo se agora estou indo de encontro a essas informações, mas mediante os conhecimentos quânticos que adquiri e as inúmeras informações provindas das esferas de luz por intermédio de meus mentores, há grandes controversas nessa afirmação. Nem tudo o que aconteceu em nossas vidas foi resultado de nossas escolhas. Nem todas as mazelas do passado ou até mesmo as conquistas foram apenas resultados de nossas ações isoladas. Como explicado anteriormente nesta obra, há inúmeras fontes de energia nos rondando e manipulando nossas vidas para que tomemos as melhores decisões ou as piores. Mas nem sempre isso é respeitado pelas esferas inferiores. É óbvio que se você tem as condições de estudar nas melhores escolas, ter uma família incrível, amigos maravilhosos, conhecimentos espirituais e, ainda sim, insiste em ter a "síndrome do avestruz", precisa rever seus conceitos em um contexto geral. Mas se não é o caso, se as lutas diárias nos fazem procrastinar conquistas que habitam em um universo de infinitas possibilidades, as dificuldades financeiras estão presentes pela questão econômica em seu entorno, as fugas são apresentadas com uma certa normalidade em seu convívio social, é muito mais fácil se entregar aos desígnios obscuros e não promover as mudanças necessárias para o desenvolvimento. Mesmo assim, conheço uma infinidade de pessoas iluminadas que passam por essas situações e procuram se libertar para encontrar caminhos melhores para elas e para suas famílias. Essa sim é questão da escolha. Mas apenas escolher, e não ter as ferramentas adequadas para lapidar tudo de forma completa, pode se tornar cansativo e a desistência no decorrer do tempo ser fatal. Para que você se torne a melhor versão de si mesmo, é preciso saber exatamente de qual versão estamos falando, e qual é aquela que seus mentores e amparadores querem para você. Qual seria a melhor versão de Deus ou dos deuses, se preferir. Qual foi a versão que se disparou em direção ao multiverso apométrico e modificou o campo mórfico sistêmico? Qual é a versão do carma que você precisa resgatar ou suavizar para seguir adiante? Você pode interferir nas leis do carma apenas com processos de visualização e potencialização dos resultados mediante suas metas traçadas? Se você, eu ou qualquer pessoa não estivermos alinhados espiritualmente com as esferas de luz, qualquer versão serve para os seres das trevas. Você pode ser um médium de cura e mesmo assim ser um corrupto. Pode ser alguém que fala em Deus e sacanear pessoas. Pode não ser nada, não acreditar em nada e apenas acreditar em si, mas se estiver alinhado com as leis espirituais, mesmo sem saber, você pode mudar caminhos. Se estiver alinhado com essas energias sutis, não é qualquer versão na qual você vai insistir em ser que realmente será. Essa escolha não é sua... Experiência própria.

Eu já presenciei muitos procedimentos sobre visualizações e projeções da mente para alterarmos a lei da atração. Com toda a certeza, acredito nessa lei e sei que ela funciona, mas interferimos nela inocentemente. Em diversos momentos da minha vida, usei um método chamado "quadro da visão", onde eu colocava figuras das quais gostaria de conquistar. Colocava uma casa bonita, um carro que eu almejava, uma viagem para determinado lugar, etc. Como tenho conhecimentos em softwares de edição de imagem e vídeo, eu fazia em meu computador e juntava algumas dessas informações. Colocava uma foto da pessoa que estava comigo na ocasião, junto com a casa e o carro. Todos os dias imaginava aquilo, mas daqueles dias incessantes de visualização, a única realização, ou materialização, foi o automóvel. SIM! FUNCIONA! Eu não disse o contrário. Não estou dizendo que o trabalho que é feito para motivar pessoas é ruim. Digo que esses procedimentos precisam de outro tipo de acompanhamento bioenergético para se tornarem precisos em seus resultados finais. Aparentemente o processo de visualização funcionou, mas por que o restante não? Por que a casa não aconteceu? Por que depois de alguns anos houve um processo de separação? Por que nos outros quadros da visão que fiz os acontecimentos não se materializaram? Porque não era para ser! Simples assim! Porque na condição de quem comanda todo o esquema, não era compatível com os contratos de vidas anteriores, nem um pouco compatível com o que meus mentores queriam de mim, hoje. Não posso negar que fiquei frustrado sim, e por um bom tempo, até entender de vez essa espiral de informações. A única materialização que aconteceu foi resultado de um processo de visualização e mentalização, com o fluxo energético que já estava em movimento. Esse fluxo foi acionado por mim, com o sentimento de que de tudo aquilo que estava exposto para mim nos quadros da visão o carro era o mais fácil de se obter. Eu joguei essa informação para as camadas multidimensionais que compõem as cordas multifrequenciais, colapsando a fusão de onda nas partículas subatômicas cabíveis para o entendimento de quem estava me assistindo, facilitando assim a atração desse objeto. Traduzindo, meu subconsciente acreditou que, de tudo aquilo, o carro era o mais plausível de se ter e, então, senti como se ele já fosse meu, usando uma fé inabalável!

A escolha do ser humano é realmente muito importante no plano físico. Mas as escolhas vêm de muito antes de estarmos aqui. Existe uma guerra entre o bem e o mal com um único propósito: "A EVOLUÇÃO". Com certeza você deve estar se perguntando: *"Como assim o bem e o mal?"*. Não existe Luz sem trevas nem trevas sem Luz. O espírito da Criação Universal fez tudo em polaridades para que haja um equilíbrio no infinito do universo. Muitas pessoas estão afirmando nos dias de hoje que o mal está "aparentemente" vencendo essa batalha, e que desde os primórdios sempre houve uma suposta "queda" do bem para com o mal. Isso é uma verdade incontestável, desde os mais antigos relatos da formação da raça humana. Mas toda essa trajetória tem um ponto de partida dado pela Criação: "A ESCOLHA". Essa é a escolha! Nós escolhemos evoluir ou desistir da Luz! Não é apenas um ataque demoníaco de altas proporções. As proporções são as mesmas de 50 mil anos atrás. O que mudou foi a tecnologia adquirida tanto no mundo fenomênico (mundo das formas), como no mundo espiritual. Por esse motivo, muitos tratamentos feitos com dispositivos quânticos têm revelado resultados surpreendentes, por se tratar do aprofundamento na resolução do problema em sua causa, e não no efeito. Apesar de uma boa parte da população mundial ainda estar adormecida, com relação às mudanças da nova era e à necessidade de transpor dogmas e paradigmas, um despertar está sendo feito gradativamente com a escolha de quem se aproxima dessas boas-novas. E nessas boas-novas estão inclusos os tratamentos motivacionais, com toda certeza.

O tratamento radiônico é uma movimentação, acoplamento e direcionamento de energias que estão estagnadas, a implantação de energias que estão ausentes e a eliminação de energias nocivas para nossos corpos, desde os astrais até o físico. Todo o tratamento radiônico é "quântico", ou seja, promove uma aceleração atômica nas partículas de energias trabalhadas, em fração de milésimos de centésimos, nas diversas dimensões em que alguns problemas se situam.

Vou dar alguns exemplos:

Eu já atendi pessoas com problemas graves de saúde, de relacionamentos, de trabalho, financeiros, etc. Uma pessoa chega ao tratamento dizendo que o problema dela está no trabalho. (Vou citar um caso específico apenas para ilustrar.) Sempre peço para a pessoa não dizer mais nada, para não influenciar na detecção ou no Tarô Psicotrônico ou na Radiestesia. Essa pessoa acredita piamente que fizeram um "trabalho de magia" para que ela não arrumasse um emprego ou coisa assim. Isso pode ocorrer, a magia pode até ser detectada e retirada durante a sessão, em um processo que não dura mais do que um minuto, por se tratar de um procedimento quântico com seres incrivelmente iluminados. Porém, durante a detecção e o tratamento, é percebido que ela tem sérios problemas com um dos entes da família. Existem bloqueios limitantes em seu subconsciente. Há mágoas de vidas passadas. Há implantes oriundos de lugares frequentados, em busca de uma saída espiritual fácil e/ou oriundos da magia enviada. Esses implantes geram clones astrais, os quais geram afinidades com obsessores. A vida da pessoa começa a degringolar e com certeza, no final, a culpa ou é das escolhas feitas pela pessoa ou é do mundo espiritual.

Na verdade, o problema está em: *"Não perdoei quem precisava e quem me fazia mal"*. A pessoa não resignou seus pensamentos e sentimentos e, por isso, abriu uma espécie de "portal energético" para todas as possíveis energias hediondas das infracamadas do Umbral. Interessante essa observação! Então é só perdoar e está tudo certo? Infelizmente a resposta é não. Volto a citar que no inconsciente de cada ser humano existe um super-HD dimensional ligado diretamente com o astral superior e com o Espírito Universal da Criação. Por isso dizemos: *"Nada escapa aos olhos de Deus"*. Nesse HD está toda a informação de sua vida atual e há mais um "HD externo" ou "Nuvem", com informações contidas de vidas anteriores. Cada atitude, cada pensamento, cada sentimento.

A detecção é feita com o Tarô Psicotrônico e seu direcionamento é preciso por justamente acessar os mentores do consulente, acessando inteiramente o subconsciente. É liberado um Akasha extrassensorial, onde é feita a conexão. Mesmo que a pessoa esteja sob influência de magia negra ou quaisquer indutos de obsessão, o Tarô Psicotrônico consegue ter acesso, libertando os guias do consulente para responder com precisão. No momento da consulta, é enviada uma energia imediata de restabelecimento para que os mentores tenham força no combate contra possíveis mazelas. O trabalho com a Mesa Psicotrônica elimina os "gatilhos" formados por essas atitudes, sentimentos, pensamentos ao longo desta e de outras vidas, utilizando a Apometria, entre outras tecnologias quânticas universais que estão nos sendo dadas, ao longo das eras, além de eliminar o mal atraído por esses sentimentos, como magias e obsessões. A escolha, a qual citei anteriormente, é parte do atendimento. A pessoa escolhe se tratar, escolhe melhorar! Ela é amparada para buscar novas formas de tratamento, além das convencionais e descobre o verdadeiro mundo das infinitas possibilidades. Seus mentores intuem para que você procure formas alternativas de combate aos ataques visíveis e invisíveis. Portanto, a escolha, sim, é realmente sua.

Há uma aba em meu website chamada "Dicas do Mago". Lá, coloco algumas ferramentas como banhos, pequenos rituais, entre outras. Em meu espaço terapêutico eu indico tanto para a pessoa, quanto para o ambiente, o uso do Palo Santo. Essa madeira sagrada tem um poder muito purificante e sua utilização é indiferente nas fases lunares. É preciso que prestemos a atenção devida ao uso de ervas, velas, incensos, rituais e cores durante as fases lunares e as propriedades de cada ferramenta. Se fizermos um ritual de prosperidade, com o uso das ervas para banimento de energia, em uma Lua Minguante, podemos mudar o fluxo energético e, em vez de atrair a prosperidade, poderemos repeli-la. São questões que requerem uma grande atenção e conhecimento para não canalizarmos da mãe natureza as energias que não condizem para tal direção. As energias estão ali para serem canalizadas, mas da forma correta. Essas energias não fazem parte dos multiversos citados anteriormente; fazem parte deste multiverso e são formas sutis que nos auxiliam a harmonizar os outros multiversos. São as energias que compõem nossas forças internas e interligam o poder da criação em nós.

8. Práticas Meditativas, Orações e Rituais

Desde que me conheço por gente, ouço falar em várias práticas meditativas. Confesso que, quando mais novo, não entendia muito bem do que se tratava. Até que um belo dia, entre minhas buscas espirituais, fui parar em um encontro de jovens realizado por uma seita filosófica bem conhecida no Japão, a Seicho-no-ie. Aprendi muitas técnicas e muita sabedoria nesse lugar, e agradeço a todas as pessoas que me incentivaram a conhecer essa filosofia. Mas quando se é jovem, o interesse não é tão forte a ponto de dedicarmos todo o tempo para práticas religiosas. Foi exatamente o que aconteceu nesse lugar. Muitos jovens, muita bagunça e um sentimento de revolta estranho tomando conta de alguns, incluindo a mim. Porém, faltando um dia para acabar o encontro, saí para tomar um ar e fiquei olhando um templo que havia dentro do local. Um templo budista, silencioso e com uma energia muito diferente. Resolvi entrar nesse templo e ali sentei. Fiquei apenas em silêncio e pude ter o contato, pela primeira vez, com o estado meditativo. Esse é o segredo! O silêncio. Quando conseguimos ouvir o som do silêncio, podemos escutar a grande bagunça que há em nossas mentes. Mas hoje em dia não é tão fácil conseguirmos ouvir o som do silêncio. Quando vamos para algum lugar afastado da cidade grande, ouvimos o som da natureza, que nos ajuda a acalmar e muito. O som das águas do mar ou quedas-d'agua. Pensando na vida agitada de quem mora nas grandes metrópoles, não apenas eu, mas também vários terapeutas desenvolveram a famosa "meditação guiada". Essa meditação ajuda aquelas pessoas que sofrem com a ansiedade e têm, até mesmo, dificuldades para dormir. Tendo o conhecimento de que os ataques noturnos pelos seres inferiores são um fato e que sempre que estamos próximos da "hora morta" temos a predisposição a ataques dos magos negros e companhia, desenvolvi uma meditação guiada que ajuda a afastar esses seres durante o sono. O nosso subconsciente nunca dorme, portanto, temos de tomar muito cuidado com o que estamos ingerindo mentalmente, quando damos aquele cochilo básico na sala, por exemplo. Ou quando dormirmos com a TV ligada sem querer. São situações bem complicadas e podem desencadear crenças que estão estacionadas e até mesmo em ponto de aniquilação. Quando usamos essas técnicas, intimidamos a ação dessas energias densas e sem evolução. O link gratuito da meditação que desenvolvi é: https:www.youtube.com/watch?v=LXySzC59vXA

Em uma conversa após uma palestra que ministrei, uma pessoa veio ao meu encontro e me perguntou: *"Pelo jeito que você falou, nós somos uma marionete nas mãos desses seres, não é?* Eu sorri e expliquei que não somos marionetes, mas que fazemos parte de um plano pré-estipulado. Esse plano pode ter sido preconcebido antes mesmo de todas as encarnações que vivenciamos. Meus Mentores, em uma das viagens astrais que fiz, explicaram que existem "afluentes" energéticos que podem ser alterados ao longo de nossa trajetória pela fase transitória que é estar encarnado neste planeta, mas que alguns casos não têm como haver a interferência. Expliquei a ela que seria como um jogo de xadrez entre o bem e o mal, e nós somos as peças. O tabuleiro seria o mapa predefinido. Mas novamente veio a pergunta: *"E nossas escolhas? Como ficam?"* Eu fechei os olhos por alguns instantes, pedindo orientação aos Mentores, e respondi:

"Imagine uma pessoa que nasceu em um lugar de poucos recursos e com uma cultura pouco ortodoxa, da qual a vida não vale mais que uma nota de 10 reais. Você acredita que ela realmente escolheu estar ali? Nascer em uma família com uma mãe submissa e um pai alcoólatra, que enche todo mundo de porrada toda vez que toma um trago? Os estudos espirituais dizem que sim, que ela escolheu estar

ali para aprender algo. A partir desse pressuposto, ela cresce vendo tudo o que não presta e, aí sim, tem uma nova escolha. Escolhe seguir o mesmo caminho, apresentado para ela, ou seguir outros caminhos para melhorar a vida daqueles que ama. É nesse processo de escolha que tanto o lado da Luz como o lado das trevas apresentam seus prospectos."

Quando conversei com meus Mentores, questionei uma suposta omissão por parte deles. Eu mencionei o fato de que o lado inferior é tão sedutor em questões muito simples, e eles me explicaram que os níveis de baixa frequência são tão próximos, que resta ao ser humano emitir um chamado de novas frequências para que seja feito o auxílio dos socorristas e seres da Luz. O dinheiro, o sexo e o lazer não são energias oriundas do lado negro da força, muito pelo contrário, mas o que se faz com elas, isso sim faz parte da nossa escolha. Como podemos fazer com que o auxílio venha ao nosso encontro? Orando com a real fé inabalável! A oração é um processo interno. Ela não é um texto predeterminado apenas. Temos um direcionamento quando uma pessoa não sabe nem o que fazer ou sequer rezou um "Pai-nosso", mas a oração é o sentimento que temos de que há alguém na escuta. Porém, por muitas vezes, temos a sensação de que estamos mandando mensagens para o nada. Eu digo que realmente já cheguei a pensar assim, muito tempo atrás. Sempre tem alguém na escuta, porque sempre tem alguém interligado em você, seja ele bom, seja ele mau. Por isso, temos que ter todo o cuidado quando estamos emitindo algum tipo de vibração, porque ela pode não apenas voltar como um bumerangue para nós, como também pode fazer uma pequena parada nas camadas mais densas, e voltar com uns 300 quilos a mais.

Às vezes, uma forma meditativa é uma oração. A palavra já diz, "me ditar" ou ditar a si mesmo. Não importa se é mental ou verbalmente, ao ditar a si mesmo você está enviando uma informação ao subconsciente e, a partir daí, acionando frequências vibratórias diferentes da ideia primordial que tinha. Essa é a função dos mantras que são recitados por muitas religiões como forma de reforçar essa entrada em nossa mente. Eu conheci uma pessoa que não sabia rezar e, de repente, em uma situação de perigo, recitou o credo inteiro.

Isso é acionar uma frequência no subconsciente por meio de um sentimento que desencadeou a atitude de orar. Não precisamos esperar um acontecimento trágico para nos comunicarmos com as forças superiores, não é mesmo?

A seguir, vou deixar algumas orações que aprendi ao longo da vida, para que você possa praticar quando desejar.

ORAÇÃO PARA A GRANDE MÃE E O GRANDE PAI

Essa oração é muito poderosa e pode ser feita diariamente ou em Rituais para a Lua cheia (Esbahs).

Oração:
Ó Grande Mãe e Grande Pai que nos deram a vida
Abençoai-me com vosso Espírito!
Pelo poder da Terra, do Fogo, da Água e do Ar,
Trazei-nos vossas Bênçãos e permiti-nos caminhar
Pela Luz de vosso infinito Amor, que nos permeia
Em vossa grande Compaixão e Harmonia, que nos presenteia
Com Magia e Gratidão. Eu vos reverencio
Em meu coração cheio de esperança, entrego a vós o meu Espírito.
Que assim seja, assim se faça, assim é!

ORAÇÃO DE SÃO BENTO – EM LATIM

A oração de São Bento é uma prece muito usada para proteção contra o mal, inveja, medos, pecados e até mesmo Satanás. Também muito conhecido pela sua medalha de São Bento para proteção e pela sua poderosa prece de São Bento em latim. Pode rezar essa prece durante sete dias, sete vezes por dia, para expulsar qualquer tipo de obsessor de sua casa, local de trabalho ou qualquer lugar que seja. Procure um local tranquilo onde se sinta com paz para se concentrar melhor na hora de orar.

Oração:
Crux Sacra Sit Mihi Lux/Non Draco Sit Mihi Dux
Vade Retro Satana/Nunquam Suade Mihi Vana
Sunt Mala Quae Libas/Ipse Venena Bibas

Tradução:
A Cruz sagrada seja minha luz
Não seja o dragão o meu guia.
Afasta-te, Satanás.
Nunca me aconselhes coisas vãs.
É mau o que tu ofereces;
Bebe tu mesmo o teu veneno.

MAGIA DE PROTEÇÃO PARA OS AMADOS
(LUA MINGUANTE)

Os amados podem ser: sua família, seu cônjuge, um amigo, ou seja, uma pessoa que você deseja o bem.

De frente a uma janela ou a um rio (não pode ser lugar onde a água não seja corrente), sopre canela, cedro, arruda e sálvia (todos misturados na palma da sua mão, podem ser moídos ou em folhinhas secas) enquanto diz:

Agora eu limpo, purifico e selo com proteção.
(Diga o nome da pessoa ou pessoas)
Nenhum mal alcançará
Nenhum mal fará
Assim se faça,
Assim seja!

FEITIÇO DOS DESEJOS

Material usado:

1 botão de rosa vermelha.
Mel.
Açúcar mascavo.
1 pires ou prato branco.
Quantos pedacinhos de papel forem necessários para a quantidade de pétalas que o botão tiver.
1 vela vermelha.
1 lápis.

Modo de preparo:

Esse feitiço deve ser feito nas primeiras duas noites de Lua cheia.

Retire as pétalas da rosa, pedindo permissão aos Guardiões da Natureza. Em seguida, junte cada pedaço de papel para cada pétala. Escreva em cada pedaço seu nome e sua data de nascimento, e o que deseja para você.

(Não coloque o nome de outra pessoa ou sequer intua qualquer sentimento de amarração.)

Em cada papel você pode colocar quantos desejos quiser e se quiser repetir, não tem problema. Exemplo:

No primeiro papel você escreveu: "Desejo amor em minha vida". Você pode repetir em todos os papéis se desejar ou em alguns, se preferir. Ou pode também colocar além de seu nome e de sua data de nascimento, uma palavra. Exemplo:

Papel 1 – Fulano de tal, xx/xx/xxxx, "Prosperidade"
Papel 2 – Fulano de tal, xx/xx/xxxx, "Amor"

Após feitos os papéis, coloque em um círculo dentro do prato branco e, em cada papel, despeje uma colher de mel.

Em seguida, coloque as pétalas de rosa, uma a uma, em cima de cada papel, como se cobrindo os pedidos. Por fim, despeje o açúcar em todo o prato, lentamente, pedindo aos seres da natureza para que você atraia o que for de melhor e o que o universo tem para lhe oferecer. Coloque em um jardim ou perto de uma árvore grande e acenda a vela vermelha no meio. Cuidado com o lugar que vai colocar, pois a vela pode fazer os papéis pegarem fogo. O ideal é esperar a vela acabar enquanto meditamos nela sobre os desejos e os pedidos.

Depois de terminada a vela, recolha os papéis e as pétalas e enterre junto a uma árvore grande.

BANHO PARA BANIR ENERGIAS NEGATIVAS

Esse banho deve ser tomado na Lua Minguante.
Tome do pescoço para baixo.

Material usado:

Óleo de cânfora – 2 gotas.
Óleo de eucalipto – 4 gotas.

1 galho de arruda.
1 galho de alecrim.
1 punhado de sálvia.

Modo de preparo:

Misture todos os ingredientes em uma panela com menos da metade de água e deixe ferver.

Assim que terminar, coe e coloque em outro recipiente para misturar com a água do chuveiro.

Jogue do pescoço para baixo após o banho de higiene, pedindo para que a Mãe Anciã leve embora toda a negatividade.

PARA ATRAIR DINHEIRO E PROSPERIDADE

Esta simpatia, além de atrair prosperidade material, vai embelezar seu ambiente de trabalho, empresa ou casa. Prepare um vaso, preferencialmente dourado, amarelo ou verde, enchendo-o com água e misturando uma colher de mel e uma colher de noz-moscada. Então, coloque nesse vaso três girassóis e três rosas amarelas. Deixe o vaso como parte da decoração no local em que você preferir e troque os ingredientes às quintas-feiras.

SIMPATIA PARA ATRAIR ABUNDÂNCIA

Para atrair abundância para todas as áreas de sua vida, tanto material quanto sentimental e espiritual, realize este ritual em uma noite de Lua Crescente. Acenda uma vela dourada ou amarela e misture noz-moscada e cravos-da-índia numa tigelinha. Então repita as seguintes palavras mágicas: "Da abundância quero proximidade, agora eu invoco o toque da prosperidade! Pois esse é o meu direito, que assim seja!"

Depois de 20 minutos, apague a vela com um sopro e enterre a noz-moscada e os cravos-da-índia perto da porta da frente de sua casa ou prédio.

MAGIA DE PROTEÇÃO E LIMPEZA PARA O LAR

Faça uma solução em um borrifador com essência de lavanda, três punhados de sal grosso, arruda e canela em pó (para equilibrar as energias de prosperidade). Acenda um incenso de lavanda ou sete ervas. Ande pela casa, borrifando os cantos, e ao mesmo tempo, fazendo com que a fumaça do incenso deslize pelas paredes, recitando o seguinte verso:

"Pela casa eu te espalho, pela luz eu te retalho! Com o bem eu te protejo, pelo bem és meu desejo!"

Faça esse pequeno ritual em noites de Lua Minguante.

BANHO PARA MELHORA FINANCEIRA

Este banho tem por finalidade propiciar melhora financeira.

Material usado:

1 xícara de chá de canela em pau.
4 xícaras de chá de salsa.
Fase da Lua: Crescente ou Cheia.
Horário: pela manhã em jejum.

Modo de preparo:

Fazer o banho misturando os ingredientes e deixar ferver. Coar e deixar sob a Lua Crescente ou Cheia à noite. No dia seguinte, misturar com a água do chuveiro e jogar do pescoço para baixo apenas mentalizando "DINHEIRO".

PÓ MÁGICO PARA ATRAÇÃO AMOROSA – MÊS DE JULHO

A finalidade desse pó é facilitar a atração amorosa. Você pode potencializar as vibrações dessa magia com um banho de rosas vermelhas e essência de jasmim. O melhor dia para usar o pó mágico é sexta-feira, por ser o dia de Vênus. A meditação pode ser feita mentalizando o chakra cardíaco, e as cores para maximizar a potência do ritual são rosa e verde.

Material para o pó mágico:

3 cálices de alfazema.
3 cálices de lavanda.
2 cálices de pétalas de rosas vermelhas.
1 cálice de gengibre ralado ou cristais de gengibre.

9. Ritual de Prosperidade – Lua Crescente

Esse é um ritual simples, porém muito eficaz para atrair prosperidade em vários aspectos da vida.

É um processo energético, fazendo-se uso da energia da Lua Crescente, fase essa em que reverenciamos a Grande Mãe em sua forma "moça".

Eu uso vários materiais que já possuo. Isso vai de cada pessoa. Não há necessidade de todos os materiais e imagens que estão na foto. Se você quiser utilizar alguma representação da Deusa e do Deus, não há problema. Se quiser usar mais de uma representação para os elementais, também não há problema.

Material:

1 vela prata ou branca.

1 vela dourada ou amarela.

1 cálice ou copo com água simbolizando o elemento "Água".

1 cálice de vinho tinto ou suco de uva.

1 pedra de sua preferência simbolizando o elemento "Terra".

1 incenso de cravo ou canela simbolizando o elemento "Ar".

1 vela pequena amarela ou aromatizada de canela ou gardênia simbolizando o elemento "Fogo".

1 prato.

1 vela pequena amarela ou de gardênia para colocar no centro do prato.

7 moedas do mesmo valor.

3 folhas de louro.

7 pedacinhos de canela em pau.

1 panelinha pequena ou caldeirão se tiver.

Ervas para panela pequena (canela, louro, manjericão ou cravo).

1 pedaço de papel e lápis.

Álcool

10. Ritual – Montando a Mesa

Escreva no papel a lápis três desejos de prosperidade. Seja objetivo(a) e otimista nos pedidos. Guarde ao lado o papel com o pedido.
Coloque a pedra de sua preferência no ponto cardeal "NORTE".
Coloque o cálice ou copo com água no ponto cardeal "OESTE".
Coloque o incenso no ponto cardeal "LESTE".

Coloque a vela pequena em um pires no ponto cardeal "SUL".
O pano preto é uma forma de representar o espaço sideral.
Podem-se usar a cor branca, amarela, verde ou azul.
Não aconselho a cor vermelha.

Eu uso o pano preto em meus atendimentos em função da Radiestesia. A cor preta em uma mesa limita a emissão de energias telúricas (subsolo).

De frente para o Norte, coloque à sua esquerda a vela prata ou branca, simbolizando a Grande Mãe.

Do lado esquerdo, a vela amarela ou dourada simbolizando o Grande Pai.

No centro, coloque a panelinha com as ervas a gosto dentro dela, e o cálice com o vinho ou suco de uva.

Entre a panela e a vela do ponto cardeal Sul, coloque o prato.

No prato, coloque a vela ao centro e em volta distribua as sete moedas, as três folhas de louro e as sete canelas em pau.

RITUAL

Acenda as velas e o incenso. Faça uma oração e peça proteção aos seus Guardiões, Anjos e Arcanjos. Medite um pouco enquanto queima.

Se você for iniciado(a) em qualquer tradição mágica, trace o círculo mágico, chame os quatro cantos da forma que sabe e que intui melhor. Se você não for, não há problema.

Depois de meditar e pedir proteção para seus Guardiões, Anjos e Arcanjos, recite as seguintes frases:

"Gratidão aos Elementais da Terra!

Eu peço a vossa presença neste humilde altar!"

"Gratidão aos Elementais do Ar!

Eu peço a vossa presença neste humilde altar!"

"Gratidão aos Elementais do Fogo!

Eu peço a vossa presença neste humilde altar!"

"Gratidão aos Elementais da Água!

Eu peço a vossa presença neste humilde altar!"

Fique em silêncio por alguns minutos. Após o término do silêncio, coloque um pouco de álcool na panelinha (tenha cuidado!) e acenda com as ervas dentro.

Pegue o papel com o pedido, queime na vela que está no centro do prato e jogue dentro da panela.

Enquanto queima, recite três vezes:

**"Lua que cresce no céu, faça-nos enxergar através do véu.
Mãe que nos acolhe, Pai que nos protege,
Que os meus caminhos se abram e as portas nunca se fechem!"**

Depois de queimar o papel, pegue o cálice ou copo com vinho ou suco e recite:

**"O fogo ilumina o que eu peço!
O ar o eleva aos seus cuidados!
Com as águas mais puras me elevo
E a terra me tem em seus braços!"**

Beba o cálice. Deixe as velas queimarem, medite o quanto quiser e eleve os pensamentos para coisas produtivas.

Não escreva a palavra "NÃO" no pedido que vai ser queimado. Uma sugestão para a escrita é :"Eu peço ao universo que...".

Lembre-se: tudo na Magia tem o efeito 3 x 3. O que você intui para você ou para alguém volta 3 x 3 para você.

Você pode pegar pergaminhos (papéis) de seus parentes, amigos, com os três pedidos, mas avise-os dessa Lei Universal.

Que a Grande Mãe e o Grande Pai Celestiais estejam com vocês!

Espero que o leitor tenha se beneficiado de alguma forma com o que foi até aqui apresentado. Tenho certeza de que, em algum momento, uma voz interior disse para você que tudo isso que leu não existe ou que é uma grande "viagem". Mas há dentro de você outra voz dizendo: *"E se tudo o que li for verdade?"* Muitas pessoas se refletiram em minhas palavras, durante minhas palestras. Elas imprimiam um semblante de medo e logo depois de alívio, ao saber que existem ferramentas que podem auxiliar-nos de forma precisa no combate às influências malignas. Não sou o dono da verdade nem pretendo ser. Eu só expressei o que me foi passado ao longo dos anos, por meio da espiritualidade. Há muita força vital dentro de cada ser humano, há uma centelha divina que precisa ser explorada e extraída. O sistema não evoluído sabe exatamente do que estou falando e eles fazem tudo para que isso seja ocultado, oprimido e ridicularizado pela grande massa, pelos meios de comunicação e também pela imposição de ideias e intolerância a novas vertentes espirituais. Quanto mais alienado estiver o povo, mais fácil a manipulação. Isso é obra de quem sabe exatamente o que está fazendo. Você pode ser da religião que quiser, seguir o dogma que quiser, fazer as rezas e rituais que quiser e isso não importa. Nada vai importar se você, onde quer que esteja, não estiver voltado para o bem e para a Luz. Seja LUZ! Você pode vencer o mal que assola a sua vida e mostrar um caminho de luz para os demais. Quando não temos o conhecimento de que somos vigiados o tempo todo, de que somos manipulados energética e espiritualmente, achamos que a vida está em um piloto automático e que as coisas acontecem ao acaso. Achamos que somos bons e maus apenas porque somos imperfeitos e que, já que é assim, que seja. Isso é um erro! Podemos sim mudar quando alteramos a frequência vibratória. Existem coisas que realmente acontecem como deveriam acontecer, por motivos de força maior. Quem nunca ouviu ou proferiu a frase: *"Deus sabe de todas as coisas?"* Sim, o plano divino, universo ou como queira chamar, tem esse mapa planejado e os seres que estão nessa luta constante sabem exatamente os caminhos que podemos percorrer tanto para amenizar os carmas, como para enfrentá-los de forma trágica, às vezes. Não nos subjuguemos. Somos filhos da Criação! Somos filhos de Melquisedeque! Somos cocriadores de nossa atmosfera sim, porém temos que saber identificar os sinais de nossos guias e mentores, quando nos são dados. Quando os sinais são claros de que deve haver uma mudança, e mesmo assim insistimos em continuar dando murros em ponta de faca, a resistência pode gerar uma grande dor e perdas. Consequentemente, ou colocamos a culpa no astral inferior, o que não se descarta porque é um deleite para esses seres estarmos no caminho contrário às intervenções e ao direcionamento de nossos mentores, ou colocamos a culpa em nós mesmos ou até em Deus. Quando consegui identificar os sinais, minha vida mudou. Até mesmo antes de terminar esse texto, sofri uma tentativa de ataque pelas forças do astral inferior. Eu coloquei como uma tentativa, porque ficou só nisso. Em uma tarde de final de semana, estava escrevendo em meu computador. De repente senti um ímpeto de usar o meu notebook para escrever na sala e ficar mais perto de meu filho e de minha esposa. Coloquei todas as minhas obras em um pen-drive e ajeitei a mesa para continuar escrevendo. Uma hora depois meu computador se autoformatou, ante a uma atualização de sistema que eu não pedi para fazer. Uma das partes laterais dele estava danificada. Fiquei bem nervoso, porque não havia apenas o livro na máquina, mas depois pensei bem e percebi que tive um livramento dos seres da Luz. Quando pensamos assim, não só damos força para nossos mentores e abrimos caminho para as energias benéficas, como também irritamos demais os seres inferiores. Não tenham medo! Lutem contra! Sejam fortes! Há um ser de Luz designado para cada um de nós! Só não se aproxima dessa energia quem não quer! Só não consegue o contato de luz desses seres que estão perto das formas mais crísticas do universo quem realmente não faz a menor questão de ter uma nova vida. Há uma possibilidade de mudança em suas camadas sutis e de alterar seus padrões vibratórios e fazer verdadeiros milagres em suas vidas. O uso de orações e de outras ferramentas que aprendemos nesta obra pode auxiliar no encontro de tais energias. Acessem essas esferas superiores! Vocês podem! Gratidão ao universo pela oportunidade que tive de receber tais informações.

Parte – 2 Além do Orbe Terrestre

Apresentação

Queridos leitores! É com imenso prazer que introduzo este segundo texto narrado por meio de minhas experiências e das intervenções e intuições geradas pelos seres das esferas superiores; trago uma perspectiva das influências extraterrenas sobre a nossa espiritualidade e nossa psique. Já é sabido, dentre as comunidades ufológicas, que o fenômeno OVNI é um acontecimento verdadeiro de fato e que os estudos comprovam a veracidade das abduções. Em alguns casos relatados, os quais vou aplicar nesta obra e designar todos os méritos aos seus respectivos autores, essas abduções não foram experiências tão prazerosas, chegando a causar imensos traumas em pessoas desde a década de 1930. Antes da grande virada tecnológica e da grande troca de informação entre seres extraterrestres com os seres humanos na década de 1940, as abduções e os implantes colocados nos terráqueos eram de uma tecnologia superior a nossa naquele momento, mas infinitamente inferior a que temos hoje. Os chips eram imensos e causavam sérios efeitos colaterais em quem possuía tal artefato. Essa necessidade de alguns tipos de seres estelares ainda se faz presente atualmente, porém com uma tecnologia altamente avançada e contando com a ajuda astrotecnológica de seres espirituais, ligados ao nosso orbe. Ao longo deste texto, vou ilustrar esse fenômeno que acontece nos dias de hoje e a retirada de implantes físicos, além dos astrais. Vou explicar também sobre a diferença das raças extraterrestres e em quem podemos confiar, segundo o nosso amado Comandante Ashtar. Vou elucidar as pessoas sobre experiências de abdução, já que eu passei por essas experiências pelo menos duas vezes. Vou contar como podemos aproveitar tais projeções conhecidas como astrais, para obtermos informações privilegiadas desses seres que só querem a harmonia do nosso planeta. Vou também explicar o que me foi dito sobre os inúmeros seres que habitam várias estrelas e que não sentem quase nenhum, ou até mesmo nenhum, apreço pela nossa raça. Em algumas canalizações, das quais inúmeros mestres tanto do Comando Ashtar, como do serviço magnético acenderam uma luz para que possamos trilhar caminhos melhores e iluminados e, assim, evitar tais influências tanto do espiritual inferior como de seres que estão diretamente ligados com orbes oriundos de forças malignas.

Vou começar contando alguns relatos pessoais para que vocês possam entender como tudo aconteceu comigo e como consegui obter informações sobre esse tema. A ideia é mostrar a interligação entre o espaço sideral e a espiritualidade, sem maiores delongas. Não vou me preocupar com o que possam pensar os céticos de plantão, quando se fala em ufologia e espiritualidade. As mentes estão mudando e não há mais espaço para tanta ignorância. Se não posso ver algo, isso não quer dizer que outra pessoa não. E se outra pessoa consegue, ela ainda pode ajudar com as informações vindas de outros orbes e constelações.

Assim, demorei e muito para abrir meu coração e contar às coisas que neste livro estarão impressas. Não há apenas um processo de abdução. Não existe uma regra para tais comportamentos. Não há apenas um contato de quarto grau, que só venha a ferir as pessoas que são contatadas. Existe, sim, um processo guiado pela luz e pelo bem. Talvez você, que quer tanto ter uma experiência com os seres de olhos grandes e pretos, mude de ideia no decorrer desta leitura. Mesmo assim, espero que fique comigo até o final desta obra! Namastê!

1. As Primeiras Aparições

Eu sempre tive um lado espiritual muito ativo e desde pequeno estava acostumado a visualizar cores, ver vultos e conversar com diversas pessoas, as quais realmente não estavam presentes de corpo. A parte engraçada é que isso nunca me assustou, mesmo diante de uma família que sempre teve mais medo de gente morta do que de viva. Fui criado em meio às histórias mais alucinantes possíveis e, assim, absorvi o conteúdo de muitas delas. Contos de fantasmas, bichos estranhos, lugares encantados e as que mais me fascinavam: "Discos voadores!". Eu comecei a trabalhar muito cedo com música e propagandas para TV e quase não tinha tempo para brincar. Estudava e trabalhava e quando tinha um tempo, brincava muito só, mas na verdade não estava só. Isso ocorreu durante muitos anos em minha vida, até eu realmente tomar algumas autonomias e buscar as informações por mim mesmo. Assim que comecei a fazer minhas pesquisas, reclamei para minha mãe sobre a falta de informações que havia nas prateleiras da biblioteca que frequentava. Ela convenceu meu pai e ele comprou uma enciclopédia, a qual me ajudou bastante nos estudos, mas no que eu ansiava saber, não havia nenhuma informação. Certo dia folheando as páginas de um dos volumes da enciclopédia, me deparei com astronomia, e fiquei fascinado com a riqueza de informações e ilustrações que continham naquele livro. Comecei a estudar e me encantei pelo assunto, que chegava perto do interesse anterior que tivera. Mas eu não poderia parar por aí! Persuadi minha mãe a convencer meu pai a comprar uma luneta para mim! Eu queria ver as estrelas! Sim, você deve estar se perguntando: "Mas o dinheiro não era seu? Não era você quem trabalhava?". Sim! Mas não era dessa forma que funcionava na época. Depois de algumas semanas, compramos minha luneta. Uma luneta bem legal, eu conseguia chegar bem perto de enxergar as cores de planetas como Marte e compará-los às ilustrações do volume da enciclopédia. Certa noite, enquanto eu estava vendo as estrelas com muita dificuldade da janela do quarto de meus pais, decidi mudar o foco e comecei a olhar a vizinhança. Coisas de moleque! A janela do quarto de minha mãe era mais alta do que o normal, por se tratar de um sobrado. Enquanto olhava os prédios em minha direção, pude ver um avião que atravessava o céu. Resolvi focalizá-lo e consegui visualizar suas janelas acesas. Enquanto me deleitava vendo o avião, minha mãe chegou por trás de mim e perguntou:

– Filho o que você está vendo?

– Um avião, mamãe... Estou vendo até as janelas dele!

E sem titubear, ela emendou uma pergunta:

– E aquilo que está atrás dele é o quê?

Foi quando arrastei a lente da luneta para trás e o clarão quase me cegou por um instante. Era um brilho que jamais havia visto antes em minha vida! Dava para ver a olho nu! Parecia um sanduíche, um hambúrguer ou coisa assim! Ele girava seu centro amarelado com umas faixas escuras, enquanto suas pontas ficavam fixas e avermelhadas. Era pelo menos duas vezes maior que o avião. Ficamos catatônicos observando aquele objeto! Enquanto o avião sobrevoava e estava prestes a passar por trás de um prédio, o objeto estava lá, o seguindo. Depois que ele saiu de trás do prédio, o objeto havia sumido completamente. Esse foi o meu primeiro contato com o fenômeno UFO. Digo que foi o primeiro, porque adiante as histórias ficam mais intrigantes ainda.

Nunca tive dúvidas de que não estávamos sozinhos no universo. Seria um grande desperdício de espaço. Mas ter uma experiência como essa que acabo de relatar realmente era algo incrível! E ninguém acreditou em mim! Nem mesmo meu pai, tendo minha mãe dito que também viu, mas nada o convenceu. Além das estrelas havia algo e eu estava realmente interessado em saber do que se tratava.

Minha vida era muito conturbada com shows e programas de TV, principalmente depois que fui contratado pela gravadora para participar do que viria a ser um dos maiores grupos infantis que esse país já teve. Naquela época, tinha uma ligeira impressão de que tudo estava mudando para mim. Sentia que algo estava tentando me afastar da espiritualidade, mas em alguns casos, a espiritualidade e os seres de Luz que guardam nossas vidas e nosso planeta não nos deixam assim tão facilmente. Em meados de 1984, gravei um disco que fez muito sucesso. Eu e minha irmã de alma, Patrícia Marx, fizemos o álbum de daria início ao "Clube da Criança" e, posteriormente, com a entrada de um novo integrante, seria criado o "Trem da Alegria". Estou citando essa passagem para contar a vocês o que aconteceu em uma dessas viagens entre o Rio de Janeiro e São Paulo.

Convivi com a Paty durante muito tempo, e isso nos proporcionou uma amizade que perdura até hoje. Convivência muito boa. Claro que resultaria em um namoro. Um namoro puro! Sem as maluquices de relacionamentos abusivos que as pessoas têm em suas fases adultas. Era muito bom estar com ela! Divertíamo-nos muito, brigávamos muito! Isso durou todo o tempo em que estivemos próximos, nos anos em que se seguiam as formações do Trem da Alegria. Nunca tivemos rixas ou coisas do tipo. Depois que gravamos o álbum *Clube da Criança*, viemos embora para São Paulo. Não sei exatamente o porquê, mas meus pais decidiram voltar de ônibus, mesmo com as passagens de avião pagas. Depois de adulto, fiquei sabendo que o meu velho embolsava uma grana da gravadora pedindo notas mais altas e depois o reembolso, assim recebia uma grana a mais. Ah, se eu soubesse! Jamais deixaria isso acontecer! Se eu tivesse autonomia teria mudado essa energia. Essa é uma energia de "falta", e uma energia como essa só gera cada vez mais escassez. Enfim, como voltamos de ônibus, evidentemente não voltamos todos juntos. Senti falta da Paty naquela viagem. Não conseguia dormir e fiquei observando a janela, a paisagem e os carros que ultrapassavam o ônibus. Quando veio o anoitecer, meus pais pediram para que eu dormisse.

Eu não queria dormir, mas me cobri com uma manta e me virei para a janela. Com as luzes apagadas, apenas o céu e as luzes da estrada se faziam presentes. Uns dez minutos depois meus pais dormiram e, tirando o motorista, todos haviam dormido. Lembro-me então de ter visto uma luz estranha no céu. Essa luz foi nos acompanhando até a próxima parada que ônibus viria a fazer. Uma luz azul e com uns pontos dourados em volta. Essa luz estava próxima das montanhas, e de forma estranha, ela não se movimentava, porém nos acompanhava. Era como se ela estivesse estampada no vidro. Pensei em acordar meus pais, mas não teria sucesso, porque a impressão que tinha era de estar completamente sozinho no ônibus. Foi uma sensação muito maluca! Eu não sabia ao certo o que era aquilo, nem por que aquilo estava lá. Um pouco antes da próxima parada que faríamos, a luz foi se estreitando e sumiu. Ainda bem que voltamos de ônibus para São Paulo. A parte mais maluca desse relato é que em nenhum momento eu senti medo. Muito pelo contrário, queria que aquela luz se aproximasse de mim! Queria que alguém acordasse e dissesse: "Olha! Que luz diferente! O que será aquilo?" Eu estava tranquilo e a sensação que tinha naquele momento era a de que aquela situação já havia acontecido comigo, em outras ocasiões.

Depois de vários anos apenas vendo discos voadores pelo céu e sem conseguir nenhum tipo de contato, mesmo acreditando em todos os relatos de experiências vividos pelos abduzidos, eu estava perdendo a esperança de um dia poder explicar melhor as sensações que tinha dentro da espiritualidade. Explicar melhor as sensações ao olhar para um céu estrelado. Comecei a achar que por mais que eu rezasse ou pedisse aos céus, nada aconteceria. Enquanto minha vida seguia em conjunto de minha busca pela espiritualidade e do cotidiano conturbado, por conta de inúmeros fatores, eu conversava com pessoas que haviam tido alguma experiência de projeção astral ou contatos mais fortes com o outro lado. Conheci uma bruxa que me ajudou demais em uma época em que estava quase deixando tudo de lado. Mas é impressionante quando a espiritualidade decide que você tem algo a oferecer para ela. Não tem jeito! Sua vida será como ela quiser. Conheci Maraci e ela me iniciou na técnica mais conhecida entre as terapias holísticas atuais, o Reiki. Na época, há 23 anos, essa técnica não era tão renomada como hoje e as aplicações e cursos se restringiam a um número seleto de terapeutas. Fizemos uma grande amizade, e ela me contou sobre sua busca espiritual e me falou dos seres extrafísicos de Luz. Ela dizia que eles estavam presentes e que a maioria desses seres nos observava. Contou uma história muito interessante, dizendo que as estrelas do céu conversavam com ela. Na verdade eram eles, segundo Maraci. *"Quando aumentar ou piscar, preste atenção"*, dizia a mulher que, numerologicamente, mudou meu sobrenome.

Lembro-me de estar na praia certa vez e ver uma bola amarela gigante que mais parecia a Lua, só que a fase lunar naquela semana era a Lua nova ou negra. Não era algo comum nem mexia como um disco voador. Era como se fosse um observador que apareceu do nada e do nada se foi. Enquanto se posicionava no céu negro, em alguns momentos ele se subdividia em duas partes. Não poderia ser uma nuvem atravessando, já que não havia nuvens no céu. Em outra ocasião, eu estava na estrada e senti literalmente algo pousar no teto do meu veículo, fazendo tremer o automóvel e piscar algumas luzes dentro do carro. Isso durou aproximadamente uns 50 segundos, depois senti aquele tranco e pude ver o que seria uma "sonda" alçando voo para a frente do meu veículo em direção ao céu. Tive experiências pequenas que para muitos poderiam ser algo sem relevância, mas sempre me fizeram acreditar nessas maravilhosas histórias de óvnis. O ceticismo nunca fez parte de minha vida por causa da minha espiritualidade e me recusava a não acreditar na existência de outras vidas fora da Terra. Eu sempre pensei que não era possível, já que o universo é tão vasto e colocado como um campo infinito, só haver nós em meio à imensidão. Mas é claro que quando se tratava de falar sobre abduções e quando lia algo sobre, assistia a filmes e documentários, o final dessas experiências nunca era agradável e, assim, o medo era implantado de forma eficaz. Quando eu assistia a filmes como *Contatos Imediatos* ou *E.T: o Extraterrestre*, tive um sentimento de que poderia ser uma forma de comunicação em massa de seres de outras galáxias para mostrar que nem todos os seres e discos voadores são ruins, e querem dominar a Terra e se alimentar dos terráqueos. Senti como se eles quisessem eliminar esse medo que sempre rondou nossa imaginação. Com todos os acontecimentos de minha vida, tudo foi se tornando distante quando se falava em ufologia e as conversas se limitavam apenas a assuntos sem muita importância, e a relevância da veracidade era contestada sempre que eu confrontava com alguém que não concordava com a existência desses seres. Mas sabia que existia algo mais. Não era possível que só nós no universo tivéssemos essa aparência e todos os outros seres, que poderiam habitar outros planetas similares ao nosso, não teriam a mesma aparência que nós.

2. O Contato

Em meados de 1998, depois de algum tempo tocando na noite a fim de ganhar algum dinheiro, já que a carreira não ia lá aquelas coisas, me submeti a fazer apresentações em bares de São Paulo. Uma experiência muito prazerosa, porém perigosa para quem estava ligado ao lado espiritual. Certa noite eu estava voltando para minha residência, depois de ter sido despedido de uma das casas onde trabalhava por falta de público. Isso realmente me deixou muito nervoso por vários motivos, mas o maior deles era que eu realmente precisava daquela grana. Em minha casa estavam minha ex-mulher e minha ex-sogra (se é que existe isso...). Entrei em silêncio como sempre fazia, peguei uma cerveja e fui para a varanda fumar meu cigarro e olhar o céu. Eu estava tão triste naquele momento que até meu cachorro sentiu. Foi quando olhei para o céu e vi uma brecha entre as nuvens. Era uma brecha arredondada da qual dava para ver algumas estrelas. Fiquei observando-as por alguns minutos. Quando terminei de beber a lata e ia pegar a cadeira e entrar, olhei mais uma vez para o céu e pude perceber um amarelado estranho em uma das estrelas. Ah meus amigos, eu não pensei duas vezes em sacanear e dizer: *"Nossa, Vocês estão aí mesmo?"*.

Imediatamente aquela luz amarelada foi aumentando de tamanho de maneira muito rápida e em minha direção. Eu saí correndo e deixei cadeira e tudo mais para trás, afinal, havia proferido palavras não muito agradáveis em seguida. Entrei para o interior da casa numa velocidade tão grande que me esqueci até mesmo do meu adorado cachorro. Tranquei a porta e esperei por aquela luz, que não se manifestou. Logo pensei: "Deve ser coisa da minha cabeça", e fui ao banheiro. Quando liguei a torneira e olhei no espelho, pude ouvir um estrondo de proporções incríveis, como se estivessem destruindo toda a casa! Saí imediatamente do banheiro e pude ver pela janela da casa, que era relativamente grande, aquela luz imensa! Uma luz amarelada com raios azulados em cima da casa. Pensei em uma fração de segundos: "Eu tenho que ver isso de perto" e foi então que decidi ir, bem devagar para próximo da grade de segurança que havia na janela e olhei para cima. Era um objeto ovalado, com uma luz muito intensa e emitia um ruído que eu jamais poderia replicar. Estranhamente ninguém acordou para ver o que estava acontecendo, mesmo diante de meus gritos para aquilo. Eu gritava: *"Calma, calma, não destrua a casa! Eu faço o que vocês quiserem, mas não me machuquem!"* Depois da terceira vez que recitei a mesma frase em tom de desespero, aquela luz viajou em direção ao céu em uma velocidade que eu jamais pude ver em minha vida. Fiquei ali observando o céu, que já não estava mais nublado como antes. Fiquei pelo menos umas duas horas paralisado e pensando no ocorrido. Quando me centralizei novamente, fui dormir. Naquele momento, não estava mais sozinho em minhas buscas espirituais e, com certeza, todos os estudos e práticas estavam fadadas a mudanças. Eu não contei aquele acontecimento de imediato para ninguém, mesmo porque, segundo minhas próprias experiências, quem acreditaria? Na noite seguinte, eu tive o sonho, ou a projeção astral, que mudaria completamente toda a minha trajetória espiritual.

Acordei em um corredor imenso e cheio de símbolos, dos quais eu não fazia a menor ideia do que se tratava. Vi uma porta muito bonita que se abriu quando fui chegando mais próximo dela. O interessante era que eu não estava dando passos para chegar, mas deslizando em um tipo de plataforma, como uma esteira imensa. A porta se abriu de dentro para fora em um formato espiral e pude presenciar o maior acontecimento da minha vida, fora do corpo. Eu estava dentro de uma nave espacial. Quando percebi, olhando os seres cinza, conhecido como "Grays", agindo como se estivessem emitindo coordenadas em um painel de controle bem estranho, senti a presença de alguém perto de mim: um homem louro, gigante, com uma túnica vermelha e branca, com um símbolo no peito. Era um "A" com um raio atravessando no meio. Ele tinha olhos grandes e azuis. Um azul que eu nunca vi em ninguém na Terra. Ele me olhou e começou a sorrir, quase lendo meus pensamentos e entendendo minha apreensão pelo acontecimento em questão; então indagou:

— *Tenha calma, sou seu amigo. Meu nome é Ashtar Sheran.*

Olhei para cima, quase tendo um terrível torcicolo, por se tratar de um homem de quase três metros de altura; fiquei paralisado por um instante. Foi então que voltei minha cabeça para os "cinzas", que me olharam com seus olhos grandes e ameaçadores. Quando me virei novamente para aquele ser nórdico, estava do tamanho dele. Achei aquilo muito estranho e imediatamente olhei para o chão. Havia uma rodela de luz intensa e multicolorida, que se entrelaçava em meu corpo com uma velocidade razoável. Aquela rodela de luz me sustentava no ar sem que eu me desequilibrasse. Imediatamente, ele me pediu para que eu não tivesse medo e falou que aquela esfera de Luz se chamava "Merkabah". Perguntei do que se tratava o Merkabah e subitamente olhei para o lado e pude ver outro ser gigante se aproximando. Ele se apresentou como Karra Ran. Um ser de estatura elevada, chegando aproximadamente aos três metros de altura também. Ele se apresentou como um dos Comandantes das Frotas Estelares do Comando Ashtar Sheran. A frota possui mais de 50 bilhões de soldados de luz por todo o universo. Ele logo iniciou a explicação sobre o orbe de Luz que estava embaixo dos meus pés.

— *Merkabah é o veículo de luz que transporta o espírito, a mente e o corpo para acessar e experimentar outros planos de realidade ou de potenciais de vida mais elevados. Podemos classificá-lo como um veículo interdimensional. Os antigos cabalistas conheciam-no como "A carruagem de Deus", sendo uma referência ao veículo de luz ao qual o ser humano tem acesso, capaz de transportar o espírito (e, em estágios mais avançados, até o corpo físico) para outras dimensões."* – comentou Mestre Karra Ram. Continuou:

– *Com a ativação de Merkabah, além da inversão gravitacional exercida pelo instrumento quântico, as pessoas passam a aprender mais sobre si mesmas e a conectar-se com seu Eu Superior. Assim, com o Merkabah ativado, começamos a vivenciar níveis de consciência mais elevados. O Merkabah é uma ferramenta que ajuda os seres humanos a expressarem todo o seu potencial. É um campo de energia cristalina que alinha simultaneamente o corpo, a mente e o espírito. Esse campo estende-se em torno do corpo humano a distâncias variadas, podendo chegar até aproximadamente 15 metros, girando a velocidades às vezes maiores que a velocidade da luz.* – E antes mesmo que eu perguntasse a ele, concluiu: – *Você veio para cá em seu Merkabah!"*.

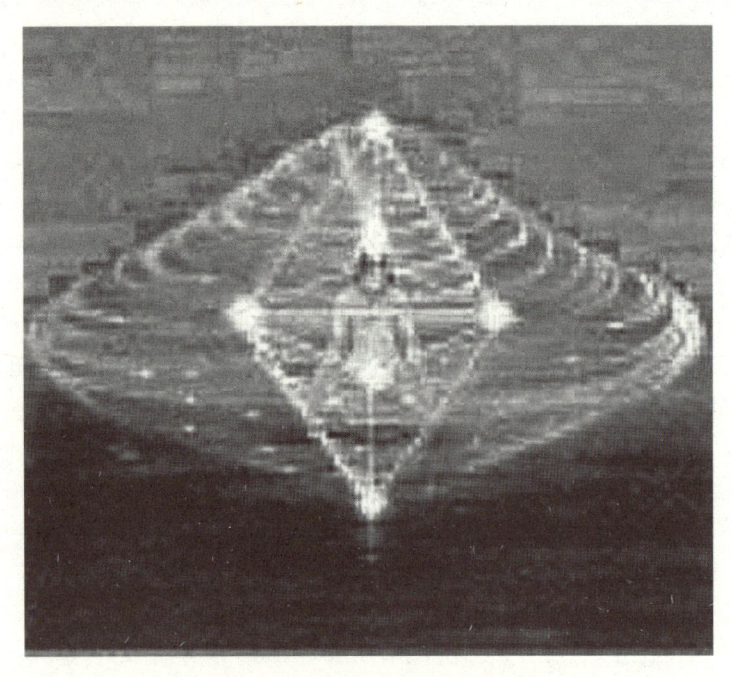

Imagem ilustrativa de um Merkabah.

Fiquei atônito com aquela explicação, e logo percebendo meu cérebro fritar com tanta informação e tantas dúvidas, Ashtar quis me mostrar algo. Eu ia perguntar exatamente o que ele ia me responder, e como num processo telepático, ele me respondeu. O comandante estendeu seus braços no vazio, bem no centro da imensa nave, e criou uma espécie de "tela" no nada. Foi então que tive a primeira experiência com a tecnologia "touch". Ele abriu essa tela e nela havia uma gravura. Aproximei-me e pude perceber que era eu naquela gravura, com uma multidão. Eu estava com os braços para cima com algo na mão, e a multidão correspondendo à minha atitude. Olhei para os comandantes e perguntei:

– Esse sou eu? – E o amado comandante respondeu: – *Sim. Esse é você, e essa cena é uma das que você vai exercer em sua vida.*

Assim que ele terminou de falar, levantou seu braço novamente e abriu uma nova tela. Nessa tela, eu estava em um local vestido de branco e colocando as mãos sobre as pessoas. Estava em um posicionamento como se estivesse emitindo uma energia. Aquela imagem era clara para mim, da imposição das mãos por meio do Reiki. Eu ia perguntar para o grandalhão se realmente ele estava certo daquilo, mas ante a minha respiração, ele disse:

– *Você tem uma missão sobreposta à outra. Você vai trilhar caminhos diferentes e na hora certa saberá o que fazer. Você possui um oráculo, então o estude. Você tem sabedoria interna dentro do seu subconsciente, mas ela precisa ser extraída por meio de muitos exercícios meditativos e práticos. Você terá o nosso auxílio, mas não adianta nos procurar. Nós escolhemos vocês. Sabemos exatamente quem são vocês, cada um de vocês. Nós somos o que vocês chamam de Anjos da Guarda. Somos os responsáveis por purificar toda a atmosfera terrestre de suas ignorâncias e intolerâncias, tanto na forma de emissão de pensamentos, como nas explosões nucleares que vocês promovem. Somos um corpo celeste interligado. O que acontece com vocês aqui afeta nossa estrela Alpha Centauro, entre outros orbes, não apenas em seus sistema solar. Essas intrigas, infortúnios, discórdias, matanças e todas as energias que desaceleram o processo evolutivo de vocês nos atingem em cheio em várias galáxias e sistemas solares centrais, como o Sol central de Alcion, interligados aos seres que trabalham diretamente com os Mestres da Luz.*

Percebendo que eu estava tendo dificuldade para digerir tanta informação, Ashtar sorriu para Karra Ran e concluiu:

– *"Não vamos apenas lhe mostrar os fatores degradantes. E esse não será o nosso único encontro. Karra Ran estará presente em sua vida e, quando chegar a hora, você saberá o que fazer com todas essas informações que lhe foram dadas.*

Assim, ele pediu para que o Mestre Karra Ran fizesse um "tour" comigo pela nave e me explicasse mais algumas coisas, antes de eu ir. Agradeci às informações e à presença daquele ser com um gesto muito comum naquela nave. Mestre Karra Ran era um pouco diferente do Comandante Ashtar. Sua roupa era uma grande túnica branca com um manto dourado por cima. Sua aparência é nórdica, olhos grandes e azuis, mas seus cabelos são negros. Seu semblante é calmo, sereno, mas austero. No centro de sua testa havia um símbolo

Ilustração que fiz de Mestre Karra Ram

como se fosse uma fenda que mudava de cor, bem em cima do terceiro olho no chakra frontal. A nave tinha um formato arredondado no bico da nave até o meio. Aproximadamente três quilômetros de diâmetro. No meio da nave ela se torna circular, formando uma cúpula maior que o bico com asas arredondadas em forma de "A". Fiz uma pergunta mentalmente e o comandante me respondeu de imediato:
–Esta é uma das naves do Comando Ashtar, e não a nave-mãe. *Sou o responsável direto por essa frota estelar.* Avistei um símbolo que abre as portas que são feitas de uma luz branca. Ao passar, é ativado um campo magnético com dois sinais: dois "Vs" que se juntam como o sinal de ><, só que de num ângulo de 90°. Esse símbolo tinha algo de muito familiar para mim, mas realmente eu não conseguia associar a nada que já tinha visto, por pura ignorância talvez. Apenas mais para frente, depois de mais encontros e aulas astrais, pude entender que se tratava da "Lemniscata".

Essa LUZ é como uma porta purificadora. Como se toda a carga energética densa ficasse nela e lá fosse diluída. No centro da nave, à esquerda, se encontrava a mesa de comando. A nave era inteira branca, com algumas bordas da cor "gelo". A mesa de comando, assim como o painel, estava suspensa no ar. No comando da nave vi dois seres altos, um louro e uma moça morena. Eles não falaram comigo. Apenas me cumprimentaram fazendo o sinal similar ao nosso "Namastê". Havia outras pessoas como eu dentro da nave sendo acompanhadas por outros mestres de luz dourada, assim como o Mestre Karra Ram. Vi dois "Grays" (homenzinhos cinza e cabeçudos de olhos grandes e pretos) que estavam pilotando a nave sentados em uma cadeira de cristal de quartzo branco. Mas não era um quartzo branco comum... Bruto... Ele era brilhante... Com fios similares aos de fibra ótica, transparentes, interligados em suas mãos e cabeças. Pude observar algumas plataformas suspensas no ar de onde saíam hologramas de alguns mestres que nunca vi. Mas eram hologramas perfeitos. Com uma simetria jamais vista, nem mesmo em aparelhos 3D. Um dos mestres se parecia com Jesus (Mestre Sananda), mas Mestre Karra Ram me disse que não era ele. Era outro mestre de uma dimensão diferente. Ele não me disse o nome do mestre. Na parte circular da nave, pude ver algo que parecia uma biblioteca de HDs de cristal. Mestre Karra Ram abria os HDs com a mente. Ele me disse que cada um deles continha a história e a memória de cada planeta, constelação, galáxias, estrelas, Sóis, Luas e habitantes existentes no universo. Posso dizer que eram MILHARES! Quando ele puxou um deles com a mente, pude ver que era transparente, e que ao tocar suas mãos nele, uma luz verde formava um holograma planetário na abóboda, em seu teto. Era como se eu estivesse tocando o mar, porém era mais consistente. Pude ver como funciona as pontes da constelação de ÓRION e SIRIUS. São pontes de cristal transparente com veículos do mesmo material da nave. Pude saber em poucos instantes que existem portais interligados com as constelações de Órion e Sirius, com monumentos feitos pelo homem na Terra, instruídos por seres extraterrestres antigos. A constelação de Órion tem um portal multidimensional diretamente interligado com as Pirâmides do Egito.

Esse portal foi ativado em 11.11.11. Vários outros monumentos estão interligados na Terra, formando uma espécie de "grade" unindo vários desses pontos em linha reta. Um deles, segundo Mestre Karra Ram, é a Cidade de Atlântida, ou o que sobrou dela, nas profundezas do Triângulo das Bermudas. Ele me falou sobre a energia "Vrill" ou o "Quinto Elemento" tão caçado pelo homem. Comentou sobre o Raio Ono Zone, entre outras formas de canalização de energia. Disse-me que em algum momento da minha vida eu conheceria essa força curativa e propulsora, e ele tinha razão. Dentre vários assuntos, perguntei-lhe sobre a "água". A resposta foi que as Naves do Comando Ashtar são compostas basicamente de água em solução autopropulsora de íons. Aparentemente parecia metal líquido, mas essa forma de aparência é apenas para confundir algumas civilizações extragalácticas e até mesmo os habitantes e governantes de nosso planeta Terra. Sendo a nave composta de água cristalina, com sua propulsão de íons, ela toma o formato que bem entende mediante a ordem de seus comandantes. Essas ordens são telepáticas com um conhecimento abundante sobre telecinese. As naves, assim como seus comandantes, podem tomar o formato de nuvens, grandes construções, pirâmides, habitantes entre outros. As naves só não podem tomar formatos muito pequenos por causa das sondas que enviam para coletar dados, e por causa dos seres intraterrestres e suas naves. Imediatamente ouço uma voz atrás de mim. Quando me virei, lá estava ele outra vez. Mestre Ashtar Sheran teceu um breve texto sobre a água: – *A água* – explica o comandante:

É uma fonte UNIVERSAL de energia e logo poderá ficar escassa na Terra por causa do mau uso, da poluição e da química que alguns países usam para "purificar" a mesma água cristalina que é contaminada por vocês. Fiquei sem ação por alguns instantes. Ele sorriu e se adiantou diretamente a outra sala dizendo: – "*Karra Ram, continue mostrando o restante.*

Em outro lugar da nave havia uma sala com uma luz azul intensa. Era a sala da espiritualidade, como explicou o mestre. Esse lugar é onde seus "Soldados da Luz" estavam treinando os Grays (homenzinhos cinza de olhos grandes) e os Deltas (homenzinhos marrons com olhos vermelhos) a entenderem o significado dos sentimentos. Segundo os comandantes, esses seres não sentem absolutamente nada. Nem dor nem emoção de espécie alguma, por isso são fáceis de serem manipulados pelos comandos estelares da paz e da luz, assim como pelos comandos patrocinados pelas trevas. Em outra sala da nave havia grandes macas suspensas no ar (como as do filme *Nosso Lar*), mas com uma infinidade de botões coloridos. Cada uma emitia uma luz e uma intensidade mediante a necessidade.

Em seguida, ele me disse: – *É para cá que vocês, guerreiros da luz, vêm para recarregarem suas energias e limparem os nódulos do subconsciente enquanto dormem.* Pude ver um número impressionante de macas e vi algumas pessoas sobre elas. Perguntei sobre como essas macas poderiam estar suspensas desse jeito e por que todos os tripulantes da nave estavam, de certa forma, "flutuando" no ar. Todos sabiam exatamente como manusear o Merkabah. Esse veículo quântico podia atravessar os mais diversos portais fractais intergalácticos que eram acionados por geometrias diferenciadas, que eu não fazia ideia que pudessem existir. Tivemos conversas sobre o fluxo gravitacional, uma espécie de dispositivo que quando colocado em algo que possa pesar uma tonelada, o peso se altera, alterando os átomos e moléculas do objeto, deixando-o mais leve que uma pena. Ele me falou de mutações nas moléculas do DNA, entre outras possibilidades que já estavam sendo feitas há milênios apenas para um sistema laboratorial implantado pela inteligência suprema. Ele me disse sobre as salas de aula que eu ainda iria frequentar, e sobre a abertura e expansão de consciência que iria acontecer em minha vida ao longo do tempo.

Mas eu precisava ir. Não sabia o que fazer exatamente com todas aquelas informações. Tentei me lembrar de tudo, mas parecia que eu tinha sofrido um apagão sobre algumas informações e hoje sei que não estava preparado para disseminar tanta informação assim. Eu precisava adquirir experiência espiritual e não ufológica para divulgar o que eles haviam me passado com tanto carinho e dedicação. Tanto que demorei mais de 24 anos para escrever sobre esse assunto abertamente.

Ilustração feita por mim sobre os Grays pilotando a nave

Muitas informações eram realmente assombrosas para mim, pois se tratava de assuntos dos quais eu não ia bem à época de escola. Ele me falou sobre um sistema interdimensional chamado Tesserato uma espécie de hipercubo quadrimensional, ou seja, 4D, que dependendo da fórmula correta e da frequência adequada, abre portais de dimensões fractais para outros mundos e multiversos. Depois que a internet chegou, fui pesquisar sobre esse tal Tesserato e descobri uma fórmula geométrica complexa que se fazia presente em quase todas as passagens da nave. Há inúmeras fórmulas sobre a dimensão fractal e informações sobre a utilização dessa geometria para abertura de portais multidimensionais em vários níveis de consciência. Em suas paredes, quando necessário, essa geometria iniciava um processo fractal e sua forma se parecia demais com uma espécie de metal líquido, como mercúrio. Quando as formas se harmonizavam entre si, essas "janelas" ficavam semelhantes aos espelhos. Após observar um bom número dessas portas fractais, perguntei qual era a finalidade desses portais, e eles explicaram que se tratava de janelas multidimensionais para monitoração e possíveis travessias para o nosso mundo e os demais. Depois de anos pesquisando os espelhos, descobri que a fabricação inicial deles era de mercúrio. Em seguida passaram a serem feitos de nitrato de prata, para que seu reflexo fosse mais intenso. Eu então perguntei ao comandante por que havia tantos espelhos e passagens dimensionais para o nosso mundo, e ele me respondeu:

– *Travamos uma batalha com as energias do mal e elas possuem uma tecnologia similar à nossa. Essas energias não atuam apenas sobre o orbe do planeta Shan, como elas tentam também desonrar os conceitos primordiais do Criador do universo. Essas energias implantam o medo e por meio do medo em excesso geram a ansiedade, por intermédio da ansiedade em excesso geram acúmulos de raiva, com a raiva em excesso é gerada a violência que desencadeia guerras. Só há uma força que viaja mais rápido do que a Luz no universo, e essa força é a escuridão. Quando falamos em manter os sentimentos de amor ao próximo, conseguir manter as estruturas familiares, a caridade e o altruísmo em evidencia, não é por menos. Estamos dando as armas necessárias para que vocês nos ajudem a ajudar vocês!*

Fiquei por alguns segundos observando seu semblante firme em silêncio, e então ele continuou:

– *Nós somos amigos do seu planeta e não queremos mal algum aos habitantes do orbe terrestre. Por esses portais multifractais, enviamos as mensagens canalizadas para os habitantes de seu planeta. Essa fórmula não se limita apenas a nossa tecnologia, assim, todos os soldados da luz têm suas fontes de comunicação e seus poderes de teletransporte. Quando falamos sobre a matéria escura, estamos mencionndo o poder máximo da criação e não da escuridão que tomou forma pela mente mesquinha de seres sem evolução.*

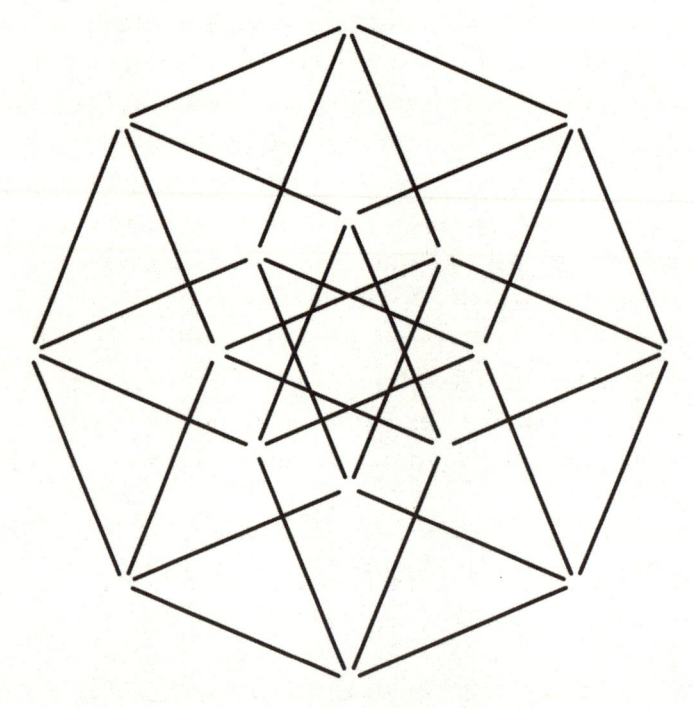

Imagem de Tesserato ou hipercubo estelar.

Eu agradeci aos ensinamentos, mesmo sem entender alguns termos técnicos. Confesso que até hoje não compreendo muito bem, mas aceito com muita fé. Depois de muitos anos, descobri que a fonte de energia fractal é muito parecida com a fonte da cocriação, só que em processos matemáticos e fórmulas complexas. Voltei para a cúpula central e me despedi do Comandante Ashtar. Agradeci ao Comandante Karra Ram e olhei pela janela que se abria de forma oval e fractal, acima de minha cabeça. Olhei para cima, pude ver outra nave, como se ela fosse uma nave de transição. Estava em cima de minha residência. Olhando de fora, ela parecia ter a cor das nuvens avermelhadas pelo Sol que estava nascendo. Quando fui me aproximando, ela começou a tomar a sua forma original. O Merkabah era a Luz Dourada que estava envolta em meu corpo. Senti uma grande pressão no meu chakra frontal enquanto estive dentro da nave o tempo todo. Eu não estava com a mesma roupa que vestia durante o sono. Eu estava com uma vestimenta branca reluzindo a Luz Dourada do Merkabah. Mestre Karra Ram me falou que, em breve, o ser humano vai poder entender a forma de ser amigo da gravidade com apenas um objeto e levantar toneladas com as pontas dos dedos, mas que isso não chega nem perto das maravilhas que se pode fazer quando se descobre o Merkabah através dos paralelos 13; 20; 33 conectados com a Ordem de Melquisedeque, pela ativação da chama trina e da Divina presença EU SOU. Esse processo tem a ver com tudo o que já foi passado para as antigas civilizações da humanidade, mas que foi fracionado pela ignorância de poucos. Tudo o que me foi dito já havia sido colocado em inúmeras escrituras comuns que se tornaram "sacras" por seus canalizadores. Não havia nada de sagrado nas informações mas de científico, porém como pessoas de tempos de outrora poderiam admitir a energia quântica de forma diferente?

Conversamos sobre o processo quântico de cura e como se deve aplicá-lo. Métodos e ajustes foram passados a mim e ainda mais instruções sobre todos os portais que se abrirão, incluindo um dos mais importantes que ainda iria chegar em 12.12.12. Portal que poderá eliminar todo o carma daquele que estiver conectado com o sentimento universal de AMOR e de PAZ, compaixão pelos semelhantes e de alguma forma que ajuda o próximo sem querer nada em troca. Chegou enfim o momento de voltar. Afinal, eu já estava a mais de quatro dias dentro da nave. As pessoas poderiam estar preocupadas com minha ausência. Deitei em uma das macas com botões coloridos e me desfiz do transe. Voltei em minha cama e, o mais impressionante, a janela estava aberta; quando eu voltei, não tinham se passado nem mesmo cinco horas. Essa experiência me fez acreditar no poder da meditação. Eu comecei, a partir dessa viagem, a ler um livro por dia. Eu lia desde o *Dogma e Ritual de Alta Magia*, de Eliphas

Levi,* até quase todos os livros sobre alquimia e magia que poderia ler. Fui me aprofundando em várias vertentes espirituais e me atualizando sobre vários aspectos de energias e movimento da nova era até chegar definitivamente na era "quântica".

---

*N.E.: Obra publicada pelas Madras Editora.

3. A Confirmação

Não foi à toa que toda a minha trajetória espiritual foi um tanto conturbada, até chegar às conclusões atuais. Eu passei por várias formas de espiritualidade e suas buscas, consequentemente. Durante minha estadia na nave do Comando, fui instruído com informações das quais eu não tinha muita assimilação. Semanas depois fui me interessando ainda mais sobre o assunto Ufo. Queria entender o que havia acontecido comigo e os relatos de abduções eram terríveis. Não tinha nenhum tipo de informação sobre esse tal comando nem dessas pessoas com as quais havia conversado. Mas a busca era interminável e meu interesse sobre assuntos espirituais apenas aumentava. Eu precisava trabalhar para que pudesse bancar meus estudos e, então, consegui um emprego em uma banda. Essas pessoas posteriormente se tornariam grande amigos. Porém, um deles já havia tocado comigo e certo dia, esperando a turma em sua casa, contei sobre a experiência que tive, mas sem dar muitos detalhes. Ele imediatamente me contou sobre uma fita cassete com uma possível mensagem extraterrestre. Eu me espantei e logo perguntei se ele havia feito uma cópia e ele disse que sim, porém não faria mais nenhuma cópia de sua fita original. Ele me contou que um amigo levou a fita a uma universidade federal e que não foi detectada nenhuma procedência. Esse amigo, não contente com o resultado, levou a outra universidade. Durante o trajeto ele foi ouvindo a fita em seu carro. Como se tratava de outra cidade, ele ouviu duas vezes para tentar entender o que era falado. Quando chegou à universidade e entregou a fita para observação dos especialistas, o conteúdo dela tinha se "autodeletado". Por esse motivo, meu amigo não quis me dar a original que possuía, mas ele tinha uma cópia exata da fita. Eu não a ouvi em lugar nenhum antes de chegar a minha casa e passar seu conteúdo para um HD digital que usava para gravação na época. Usando fones de ouvido e um equipamento equalizador para melhorar as frequências sonoras, consegui entender o conteúdo da fita. Imediatamente fui transcrevendo o seu conteúdo. Um fato superinteressante é que essa fita foi gravada em um toca-discos 3 em 1 da época. No momento a pessoa estava gravando a música da banda Led Zeppelin que se chama "Stairway to Heaven". A música para de tocar, entra um ruído estranho e um homem começa a falar. A voz é engraçada, talvez por causa da distância e da transmissão que foi feita. Mas o mais incrível é que quando sua mensagem finaliza, a música volta exatamente de onde parou. A mensagem, em especial, veio por outro método conhecido por "transcomunicação". Por meio desse método, em 1977, um comandante do comando Ashtar, chamado Vrillon, se comunicou com a terra por intermédio de um programa de TV. Essa técnica é muito conhecida no meio espírita, a transcomunicação parte do princípio de que seres em outras dimensões (espíritos, por exemplo) podem se comunicar conosco usando aparelhos eletrônicos, como rádios, gravadores ou sistemas de vídeo. Esse fenômeno é conhecido como EVP (Electronic Voice Phenomenon) ou "Fenômeno eletrônico de voz". No caso específico dessa mensagem, recebida mais de uma vez em datas e locais diferentes (como São Paulo, no ano de 1996), as informações foram captadas, de uma forma "ocasional", por um gravador de fita cassete. Como é característico das mensagens recebidas por transcomunicação, há muito ruído, e em função disso o início dela ficou ininteligível e truncado. Vou colocar a transcrição que fiz da mensagem usando meu aparelho digital:

Amigos do planeta Shan – a Terra. A nossa presença e a nossa intenção tornam-se cada vez mais claras para um número crescente de pessoas sem preconceito. Milhares de habitantes da Terra esperam com impaciência a nossa aparição visível. Mantenham vocês grandes razões para acreditar que somos capazes de realizar aquilo que chamam de milagre. Desejamos que seja compreendido com muita clareza que não temos nada em comum com charlatães que queiram provar a realidade de sua existência. Cada gesto nosso é concebido segundo um plano bem determinado. Falo em nome de todos nós que estamos comprometidos nesta missão bastante ingrata de dar assistência aos habitantes assediados no planeta Shan. Seria um imenso alívio se nós, sob formas etéreas, formas que nos são possíveis mobilizar, pudéssemos aterrissar simultaneamente em todas as partes do globo terrestre, pondo fim à absurda discórdia e aos ódios irreconciliáveis que anulam o esforço comum para a paz. As instruções que recebemos, e os nossos princípios, nos impedem, entretanto, de agir assim. Uma resolução breve, tomada pelos próprios habitantes da Terra, deve preceder a nossa entrada maciça em cena; peçam e receberão, só então os nossos poderes superiores, que ultrapassam em muito os que vocês têm atualmente, poderão ser utilizados. Sim, penso de fato na bomba H e em outros explosivos terrivelmente perigosos. Uma coisa é fabricar e fazer explodir tais engenhos infernais, mas onde está o mortal que resolveu o problema de evitar tais explosões ou de reduzir seu feito? Tal pessoa não existe no planeta Shan. Como ousam então liberar uma força de tal amplitude sem ter a menor ideia de como controlá-la? Só um intelecto infantil pode conceber um procedimento tão insensato. Terão ao menos observado seriamente os resultados do vasto domínio da natureza. Um grande número de mortais, suficientemente inteligentes, põem de forma contínua em movimento ondas de pensamentos e sentimentos destrutivos. Essas vibrações perturbadoras percorrem longas distâncias e causam agitações no éter. Pensam que essas discórdias geradas por vocês e por milhões de seus semelhantes não têm nenhum efeito sobre forças inanimadas? O que vocês chamam de doenças não existe em nossos planetas porque nós eliminamos as suas causas. Uma vez que esses desejos e essas ações nefastas, assim pesadamente carregadas, disseminam nos meios visíveis e invisíveis as causas da guerra, como esperam os responsáveis poder escapar ao terror e às suas consequências? O que desejo tornar claro é que nós, os homens do espaço, seja qual for o modo que possamos temporariamente servir, temos o compromisso, pelo juramento mais solene, de manter as leis universais, únicas responsáveis pela preservação da vida em todos os níveis de consciência. Um desvio dessas leis fixas e imutáveis equivaleria à perda de privilégios que conquistamos com nossos esforços ininterruptos. Gostaria, porém, de dar um conselho a vocês: moldem o mais possível as suas vidas de acordo com os ensinamentos daqueles que desceram até entrar em contato com os mortais por meio de uma manifestação física. Na qualidade de amigos colaboradores de vocês, a serviço do Rei dos reis, que age do alto, nós os saudamos e nos esforçaremos por libertá-los daqueles que procuram oprimi-los e submetê-los a um regime de dominação destrutiva. Estamos vindo como defensores ou libertadores, para começar uma série de revelações sobre o que acontecerá com a atividade daqueles que estão aprisionados em uma gaiola de carne e dos que serão desassociados do plano terrestre. É preciso que vocês compreendam que seus amigos cósmicos possuem corpos de transposição, isto é, corpos que se podem manifestar sob diferentes formas, assim como a água pode se manifestar em estado de vapor, de neve ou de gelo, segundo as condições atmosféricas naturais ou artificiais; é isso que nos permite ajudar os mortais. Como vocês às vezes esquecem, a guerra se desencadeia de forma violenta nos planos astrais, simultaneamente com sua expansão no plano terrestre. O fato de que tantos homens foram mortos, mas continuaram a viver no plano astral com as mesmas metas e desejos, fará com que vocês compreendam a dificuldade da nossa tarefa. Atualmente, milhares de almas procuram seguir a senda da evolução espiritual. Se nós não interviermos, elas serão condenadas a serem arrastadas às sendas descendentes que levam à degradação. Não valerá a pena lutar, durante alguns meses, em um conflito desesperado entre as trevas e a luz, entre o ódio e a coragem sobre-humana para assegurar aos homens atuais a possibilidade de prosseguir na sua evolução espiritual? Afirmo que a vitória não dependerá em absoluto de uma vantagem material, nem de um número superior de armas que levam seus sábios a pensar que atingiram um conhecimento profundo e que organizaram o poder secreto da energia cósmica. Devo dizer que não é assim! Por um ato divino, como os mortais jamais viram até hoje, uma conclusão rápida e irrefutável porá fim a isso. Que o planeta de vocês deposite a sua confiança no único poder capaz de libertá-los do seu destino iminente, pois não está no poder de nenhum chefe terrestre pôr ordem em toda Terra. O consentimento imposto pelo medo ou pela força nada vale diante da lógica fria e da lealdade profunda em relação às concepções superiores. Uma longa e árdua campanha foi empreendida contra as forças negras que partem do invisível, atingindo os habitantes terrestres e, sem serem por eles percebidas, os pervertem, fixando-lhes deveres engenhosos de uma maldade diabólica a fim de submetê-los a mais abjeta escravidão sob seu comando único. Como consequência benéfica dessa campanha ininterrupta do plano astral, dirigida contra as forças negras e as hordas pervertidas dos mortais, tornou-se possível agora transferir essa batalha para o plano físico visível, onde os humanos podem mais eficientemente se defender, e onde os resultados são mais tangíveis. Isso não poderá ocorrer sem desconforto físico e sem sofrimento, mas a vitória será obtida; os mortais devem passar por suas provas. Que importa o sofrimento de um bom número de vocês durante essa fase final da transformação do mundo, já que todos os que permanecerem justos e firmes, em qualquer campo em que se encontrem, compreenderão depois que prestaram inestimável serviço ao Mestre e às suas regiões conquistadoras vindas do espaço? Eles terão, assim, permitido a essas regiões atravessarem a impenetrável densidade do envoltório etéreo da Terra para trazer o triunfo e a força às potências amigas do planeta Shan. Operar-se-á então uma rápida mudança na superfície da Terra e nos seus habitantes. A cada hora, as próprias potências do mal desvendarão os seus desígnios e essas revelações levarão os humanos a uma decisão rápida: a de derrubar as falsas leis, substituindo-as por verdadeiras concepções de ação construtiva. Assim, a nossa presença e os nossos desígnios não têm outro fim senão o de vir em auxílio de vocês, pois os seus guardiões invisíveis estão muito preocupados com o estado do planeta "Shan". Nós somos 10 milhões de homens do espaço, fartamente equipados com forças de natureza etérea, a fim de se oporem às intenções das forças destrutivas, tornando inofensivos os seus meios. Sabemos quais as regiões da Terra que estão fadadas à destruição e, logo que apareça o perigo, enviaremos a esses lugares vários milhares de "VENTHLAS" – discos voadores. Para lhes dar uma ideia de como vocês estão protegidos, poderia citar inúmeros fatos onde sabotagens premeditadas foram impedidas graças à vigilância dos nossos homens. Se ainda não se produziu a desintegração atômica em cadeia, não é porque os seus sábios sabem utilizar os átomos, é porque nós temos tido o cuidado especial de purificar a atmosfera por meio de bolas de compostos químicos depois de cada explosão atômica. Nossos meios de comunicação telepática e de observação visual, que englobam cada pessoa e cada lugar da Terra, estão ainda além da compreensão atual de vocês. As promessas tantas vezes repetidas, de que aqueles que depositarem a sua confiança em Deus serão protegidos, são perfeitamente exatas. O nosso aparecimento sob uma forma física, ou materialização de nossas naves aéreas, depende das instruções que recebemos de bases que estão muito acima da estratosfera de vocês. Essas instruções são determinadas em grande parte pelos acontecimentos e pelas reações humanas. Outros fatores desempenham também o papel, como a influência planetária magnética, as condições astrais, as vibrações especiais provenientes das forças concentradas no interior do globo ou das regiões onde os humanos despertam diante do perigo e fazem tentativas desesperadas para dele se livrarem. Estas últimas considerações são talvez o elemento mais poderoso que leva as nossas forças para eles. Mas, vocês mesmos, os humanos, devem tentar conquistar a sua liberdade antes que possamos vir em seu auxílio. Nós estamos chegando como libertadores, ou defensores, e esperamos instruções para uma missão mais agradável. Poderemos, então, nos misturarmos livremente com vocês, iniciando-os em tantas delícias e em um bom número de privilégios que possuímos. Querem vocês, por sua própria colaboração, apressar este dia feliz? Esperamos que sim. Vocês querem acreditar firmemente em nossa existência, assim como em nosso desejo impessoal e desinteressado de servi-los? Quanto mais cedo esses dois fatores forem aceitos pelos homens em geral, mais rápido e facilmente poderemos atingir a nossa meta, e menos vidas se perderão. Estão nos apressando para salvar todas as almas que quiserem adaptar-se às transformações gloriosas exigidas pela Nova Era. Alguns de vocês serão retirados do seu planeta a fim de ajudar por algum tempo nos planos invisíveis, como milhares o fazem atualmente. Honra àqueles que por intuição divinamente inspirada podem captar a verdadeira significação da nossa missão! Qualquer esforço de nossa parte para adquirir seja o que for dos valores do seu planeta Shan seria imperdoavelmente vil, tendo em vista que uma grande parte dos habitantes do seu planeta está em lamentável situação de penúria e subnutrição. Temos a intenção de ampliar os seus recursos, não de diminuí-los. O contraste que há entre as condições harmoniosas de nossos próprios planetas e a desordem caótica que existe em toda a parte, onde vemos a vida tal como ela é vivida no planeta Shan, é extremamente doloroso de observar. Devo dizer que a incapacidade de todos, salvo a de um punhado de homens, de poder captar pelo menos uma visão efêmera da mensagem espiritual do Mestre, que os teria libertado de toda a servidão material, representa uma cegueira que encheu nossos corações de angústia quanto à possibilidade de salvar a Terra da destruição total. Nós, que os vigiamos dos nossos postos de observação no espaço, perdemos toda a esperança de ver o planeta Shan – a Terra – escapar à sua morte. No que nos diz respeito, tínhamos resolvido esquecer a Terra de vocês. Mas para o seu Salvador, a coisa era diferente. Ele fez a promessa sagrada de que voltaria. Por isso, este mundo tenebroso será por Ele iluminado, apesar de todos os esforços das forças do mal para impedir esse acontecimento. Temos confiança de que essa promessa será cumprida, e nós nos submetemos inteiramente à direção suprema do Salvador Invisível de vocês. Ele não virá em carne. Quer essa assistência chegue visivelmente por meio de astronaves, cuja equipagem é constituída de seres poderosos, mostrando a sua autoridade pelo uso de forças desconhecidas dos mortais, quer esse auxílio venha por meios misteriosos e invisíveis, é certo, todavia, que os homens e as mulheres que cumprem as missões para as quais nasceram sobre a Terra receberão tudo o que for necessário para garantir o seu sucesso e para desempenhar o papel que lhes é destinado. Ninguém é capaz de avaliar o seu justo valor, a paciência e a maravilhosa indulgência com os quais Deus suporta a fragilidade dos humanos. Ninguém é capaz de medir Seu desapontamento quando eles se recusam a aceitar o seu perdão e a sua misericórdia. Tudo o que se passa, sendo de natureza destrutiva, é o resultado de livre escolha do homem de ligar-se à senda da retrogradação, que leva ao esquecimento. Esses seres retrógrados não podem existir no novo mundo que se cria atualmente. Nos próximos anos, haverá milagres que levarão vocês a uma revisão das suas concepções sobre a natureza e à sua metamorfose. É inevitável uma era de purificação antes que se possa instaurar um sistema mais perfeito. Há meios para tornar menos dolorosa tal purificação e a eliminação destes resíduos inquietantes, embora, em diferentes partes do globo, só uma completa varredura fará desaparecer qualquer vestígio das antigas abominações e seus resíduos. Há, no entanto, inúmeros casos em que esforços determinados são levados a efeito por indivíduos, grupos ou movimentos para uma reforma viva da Nova Era, esforços que impedirão medidas tão radicais. Nós atravessamos os países de ponta a ponta, encontramos uma multidão de pessoas íntegras, generosas e de instinto aberto. Tomamos nota de cada uma delas; nós as observamos em casa, nos negócios, no trabalho, nas distrações, na riqueza e na desdita, em tempo feliz e por ocasião de desgraças. Em todas as ocasiões elas ficaram calmas, cheias de recursos, dando coragem e força aos medrosos e aos fracos. Agradecemos a Deus por elas existirem. Há homens que nos consideram destruidores. Reflitam, pois, por alguns instantes, e pensem em tudo o que os tornam ansiosos, apavorados, infelizes e preocupados. O tempo, as marés do oceano, o ar que vocês respiram, o alimento que absorvem, a própria terra sobre a qual andam afetaram as relações humanas, os negócios, os governos, o comércio, a sociedade em geral, pois o seu magnetismo está carregado de nocividade. Todas essas coisas serão renovadas. No momento, nenhum esforço deve ser feito para se comunicarem conosco, salvo depois de um pedido especial nosso. Nós mesmos escolheremos a ocasião, o lugar e a pessoa com a qual desejaremos manter contato. No entanto, seria uma grande ajuda se vocês quisessem manter em relação à nós sentimentos amistosos e de confiança, e pensamentos de boas-vindas. As nossas forças encontrariam assim uma atmosfera bem adaptada ao seu trabalho, pois elas têm necessidade desses campos de luz para aterrissar e repousar por alguns instantes, a fim de poderem adaptar-se às condições e às vibrações que encontrarão ao cumprirem a sua missão. Conhecemos cada um de vocês e sabemos da simpatia daqueles que testemunham a nossa missão, e queríamos que soubessem a ajuda que isso representa para nós, ter avenidas luminosas que nos permitirão atingir as regiões mais sombrias onde se deve realizar tanto trabalho. Estamos profundamente reconhecidos por sua compreensão e por sua benevolência. Assinado: Ashtar, "Comandante da frota dos homens do espaço".

No final de minha transcrição, fiquei atônito e voltei várias vezes a gravação para entender seu eu realmente tinha ouvido a palavra "Ashtar" no final dela. Sim! Era esse nome mesmo! Será que eu tinha falado com um ser espacial que há dois anos tinha enviado uma mensagem em massa para todo o planeta e em vários idiomas? Eu precisava de mais confirmação, como um bom ser humano turrão. Após uns seis meses do acontecimento, conseguimos colocar a internet no escritório em que trabalhávamos. Lembro-me do mecanismo de busca da época: "Cadê?". Meu sócio naquela ocasião acreditou em mim, meio que desacreditando, porém incentivava essas histórias por achá-las fascinantes. Ele então me disse: "Vamos colocar o nome do cara da nave que falou com você nesse lance e ver o que sai, o que acha?" Eu achei legal e lá fomos nós. Assim como ele, não sabia a grafia do nome do comandante exatamente e, por causa disso, demoramos um tanto para achar a verdadeira forma de escrita. De repente ele achou, encontramos um site. Quando ele abriu o site fiquei apavorado pra valer! Era ele! O Comandante. Ele já tinha sido visto por outras pessoas, as quais já haviam sido contatadas. Não estava sozinho nessa jornada! Não estava ficando louco! Vi e toquei nele! Sabia que não estávamos sozinhos nessa imensidão.

Imagem desenhada por um
contatado de Ashtar Sheran.

4. Um Mundo Espiritual Fora do Orbe

Ao longo dos anos, fui levado para lugares dentro das naves do comando que mais pareciam salas de aula. Com certeza eram salas de aula, com ressalvas de conforto que deveríamos ter em nossas escolas na Terra. Lá, os professores ou instrutores chamavam nosso planeta de SHAN. Não foram todas as vezes que eu estive consciente de ter frequentado essas salas de aula suspensas no ar. Em alguns casos, como já fora citado, houve uma projeção na tela mental usada pelo subconsciente para interpolar os ensinamentos, a fim de não deixar escapar entre as arestas as informações. Isso limita o acesso dos seres de baixa vibração ao conteúdo de ensinamentos e estratégias desenvolvidas pelo Comando. Essas aulas foram ministradas por seres como Lorde Arcturos, o grande interlocutor dos Arcturianos, Mestre Kryon do serviço magnético, Mestre Karra Ram do Comando Ashtar, Mestre Bal Kazay, instrutor e Mestre de cura do Povo Azul de Arruandan, Mestres e Mestras da cidade dourada de Shamballa, entre outros. Em uma de minhas idas para as câmaras regeneradoras e para as salas de aula das naves do Comando, fui contemplado com uma série de informações. Demorei muito tempo para juntá-las e acertá-las cronologicamente para expor seu conteúdo. No decorrer deste texto, recebi de Lorde Arcturo informações adicionais que serão colocadas aqui. Em uma dessas aulas, foram explicados alguns portais. São portais intergalácticos que se dividem em quatro frequências permitidas ao redor do sistema solar para outras galáxias multidimensionais. Alguns portais se espalham pelo orbe terrestre, mas um portal em específico é o preferido dos reptilianos. O portal interdimensional que abre às 3h33 da manhã. Esse portal tem uma duração máxima de 33 segundos. Para nós é o tempo de uma vinheta de rádio, mas para a tecnologia desses seres é possível dar uma volta inteira em volta da Terra. Essas aberturas estão sendo chamadas pelos cientistas e pesquisadores da atualidade de "Buracos de minhocas", porém esses buracos fazem parte de outro tipo de portal, o portal multidimensional. Hoje tem se falado muito sobre o que na época me fora dito sem entender sobre o dimensionamento fractal e o Tesserato. Esses portais são manipulados pelos seres extraterrestres, tanto da luz como das trevas. Ambos os seres adquiriram um conhecimento completo de manipulação da matéria escura.

Há milhares de anos, os seres extraterrestres com menor evolução e tecnologia procuravam combustíveis e portais físicos para transitar, e perceberam que desses portais eles poderiam fazer caminhos para dentro de nosso próprio orbe apenas. Já era uma grande conquista, usando placas de quartzo e titânio para promover um processo de combustão de suas naves e os ativadores dos portais. Muitos desses portais foram lacrados pelos seres ultraterrestres que nos protegem. A partir daí, eles precisariam procurar novas entradas e, então, descobriram a energia multifractal que os espelhos emitem. Os portais que fazem os seres transitarem pelas dimensões, interdimensões e multidimensões são usados por meio dos espelhos, com a permissão e a ajuda de magos negros das camadas Umbralinas. Como eles não são ultraterrestres como os seres do Comando Ashtar, muito menos os habitantes e Mestres das Cidades Douradas como Shamballa, não possuem tecnologia ultradimensional para se teletransportar plásmica e, muito menos, ectoplasmicamente, para nossa sorte. Para eles conseguirem essa passagem, em troca, os magos negros ofereceram astrotecnologia de proporções absurdas, para que os seres das estrelas inferiores pudessem transitar sem serem percebidos. Com a manipulação da matéria escura em outra frequência, despercebidamente pela frequência 543 hertz, os seres reptilianos alteraram o módulo de implantes físicos e orgânicos e, com a mudança no *modus operandi*, facilitaram o procedimento de implantes chamados de MOS (Micro-Organismos Sensoriais). São uma espécie de "escuta" e um GPS para monitoramento em tempo integral, já que não há uma conexão desde o nascimento de cada ser humano. Na maioria das vezes, esses implantes são localizados na parte de trás da cabeça, na nuca ou pescoço, causando dores de cabeça e enxaquecas fora de hora e sem um diagnóstico preciso da medicina tradicional. Costumam ser implantados também nas cervicais e na lombar. Em alguns tratamentos com a Mesa que desenvolvi durante a criação desta obra, foram encontrados implantes nos ombros, joelhos e pés, mais precisamente em suas juntas. Um momento em que esses seres adoram implantar é quando o indivíduo que é alvo está em uma mesa de cirurgia, para tratamento estético. Karra Ram explica que pode acontecer também quando a pessoa está cuidando de algo físico, mas é raro, já que correntes médicas espirituais estão também no amparo de muitas dessas pessoas. A intenção desses implantes é atingir uma parte do nosso cérebro que foi denominada intencionalmente de "cérebro reptiliano". Essa parte é responsável pelos instintos dos seres humanos, eliminando o poder de raciocínio, facilitando também o trabalho dos magos negros na indução ao suicídio. O monitoramento feito pelo MOS é propositadamente elaborado para que os trevosos tenham antecipação ao processo de expansão do implantado, gerando caos em suas vidas e atrasando esse processo. Quando isso acontece, é claro que todo o inferno comemora! Quem quer um guerreiro da Luz lutando contra e ainda mais com a ajuda de seres ultraterrestres na frente? Anjos são seres ultraterrestres? Sim, também são, e estão a serviço do Comando e da inteligência suprema. Esse tratado com os seres espirituais das trevas aumentou a eficácia dos implantes e a camuflagem deles, passando despercebidos até mesmo pelas máquinas de ultrasonografia e ressonância magnética.

Em uma de suas palestras no plano astral, Mestre Karra Ram indaga que a maioria dos monumentos construídos na antiguidade, como as Pirâmides, Stonehenge, Ilha de Páscoa, Linhas de Nazca, serviu como plano de voo para as antigas naves e seus tripulantes. Hoje eles são portais ativadores de energia cósmica em vários níveis de consciência. Em 12.12.2012 um desses portais foi aberto em níveis de consciência sutil e harmoniosa. Só quem esteve realmente conectado pôde receber a energia desse amor que a Criação do universo tem para conosco. Karra Ram disse:

– *Existe uma consciência numerológica conhecida por muitos dentre as grandes mentes de seu Planeta Shan. Existe um Raio de poder que se chama AMOR"! É o sentir verdadeiramente espalhado em seu ser! Eu o chamo de "FORÇA-PENSAMENTO" por causa de outros sentimentos intrusos que fazem os seres do Planeta SHAN se desvirtuarem do caminho da LUZ! Aquele que tem o sentimento de AMOR por tudo é um ser iluminado. Os raios da estrela central de seu sistema viajam a mais de 146 bilhões de anos-luz até chegar até vocês em uma fração de milésimos de segundo para sentirem em sua pele a energia de seu calor. Um raio de energia multidimensional de força-pensamento chega até um ser interdimensional em uma fração de 556.363.652.452 anos-luz de velocidade. Essa velocidade faz essa energia ecoar nos quatro cantos do universo. Uma fagulha dessa força-pensamento invocada com o poder da capacidade humana de sua mente central ligada diretamente com o Sol Central de Alcione, amplificada com o Cinturão de Fótons, expelida através de vários pontos energéticos denominados por vocês de "CHAKRAS", faz essa energia se multiplicar por 10 mil vezes. Uma fagulha de força-pensamento de AMOR tem o poder de vagar pelo vazio do espaço conhecido por seus cientistas. Esse vazio para nós é a parte mais importante e cintilante da criação. É nesse vazio que se encontra a iluminação de vários avatares do universo. Nesse vazio, encontra-se a verdadeira e mais pura "LUZ". Não vamos deixar que a força-pensamento seja regada pela face sombria de suas mentes. Não vamos deixar que a parte reptiliana, descendente de seres sem evolução espiritual que implantaram energias e crenças contra a grande evolução de suas mentes e almas, seja capaz de fadar o planeta Shan a sua destruição que parece irremediável. Por isso, amados, lhes peço para que encontrem o raio da consciência cósmica dentro de vocês o mais rápido possível! Ainda há tempo! Seja LUZ enquanto há tempo para que possamos aniquilar a escuridão implantada em vários pontos do universo. Sim, as sombras existem e fazem parte do equilíbrio de todas as coisas. As sombras exercem um papel direcionado. O que está acontecendo é que alguns seres querem tomar uma terça parte das galáxias com essa energia e implantar o caos. O planeta Shan está na rota de colisão. Eles não podem nem tem a permissão de entrar com suas naves e promover esse caos, pois ele é trabalhado há séculos silenciosamente, fazendo com que suas próprias atitudes ativem a Natureza contra vocês. Não deixem isso acontecer. O universo está conectado e todos os planetas precisam dessa conexão. Usem o AMOR UNIVERSAL! Façam com que esse amor esteja presente em suas vidas e serão protegido e guiados para a LUZ. O Planeta SHAN (Terra) está sendo conduzido a uma transformação por causa de sua passagem pelo Cinturão de Fótons do Sistema Solar Central. Isso já vem acontecendo desde a década de 1980. Muitas pessoas precisam alcançar a sua divina presença Eu Sou para que possa haver uma salvação entre os povos. Alcançar o Merkabah para que tudo possa ser possível dentro da atmosfera crística que está prestes a acontecer com a abertura do portal Estelar 12.12.12. Só se alcança o Merkabah com muita meditação e amor em suas frequências. Todo o ser do planeta SHAN tem por natureza a semelhança do poder da Cocriação, conhecido também como Raio ONO ZONE ou Energia VRILL. Esse poder pode ser traduzido em uma palavra monossilábica, FÉ! Como o grande Mestre que fora enviado entre vocês para dar-lhes o caminho, a verdade para seguir a vida e ensinar-lhes sobre o significado da presença EU SOU ao fazer seus milagres, como assim vocês chamam a centelha divina, o que para nós é absolutamente fruto do poder da Cocriação que nosso Pai celestial nos concebe desde o momento de nossa existência, dizia a frase: "Seja feito como a sua Fé". Funciona dessa forma, seja no Planeta Shan para o aprendizado e evolução de suas almas, seja em esferas superiores, bem como para os seres da 12ª dimensão como SHON THOR. Tudo é um processo de evolução, independentemente das dimensões. Alguns de nós estamos a mais de mil anos-luz de distância de vocês, porém com a força da telepatia multidimensional, a qual usamos para nos comunicar com vários seres sem precisar estar presentes em corpo cósmico, estamos perto o bastante para saber a conduta de cada "forma-pensamento" de cada ser existente em seu planeta. Eu, Karra Ram, sou um viajante estelar e comando essa frota de seres benévolos entre as constelações de Khleper a Órion, tendo passado pelo espaço crístico da constelação* dos Pleidianos e Arcturianos, levando a mensagem crística de Amor Universal e incondicional que seu mestre mais conhecido trouxera em tempos de outrora. O universo tem suas Leis e essas Leis são perfeitas e harmoniosas. Sigamos essas Leis da perfeição da Divina presença EU SOU e poderemos purificar a atmosfera que paira no ar do planeta SHAN, sem que precisemos deixar Hercólubos terminar sua tarefa de extinção de sua raça. Sabemos quem são cada um de vocês. Somos o que vocês chamam de Anjos Guardiões. A cada abertura de um Portal de Luz, temos conquistado mais e mais guerreiros para o trabalho de divulgação da consciência cósmica e crística para a evolução e transformação de seu planeta. É necessário que haja uma mudança imediata em seus hábitos, assim como em sua atitude com o próximo. Quando você ajuda um próximo, está agradando à força motriz universal... O que vocês conhecem como DEUS. Está recebendo uma vibração de gratidão pela força que preenche o universo com a Força do AMOR. Quando você não respeita o próximo, o prejudica não está agradando a essa força e, por mais estranho que possa parecer, por causa da ajuda de seres evolutivos que já estão entre vocês há mais de 10 mil anos, corrompendo e estimulando a decadência de sua espécie, essas pessoas tendem a ter um final triste e uma redundância de encarnações. "Pensem e reflitam, queridos irmãos."

5. Conchavo

A manipulação promovida pelos seres reptilianos é feita telepaticamente. São usados níveis de frequência em hertz e mega-hertz. Essas frequências, como cordas de ondas sonoras sequenciais, alteram o sistema bioenergético, eletromagnético e molecular do ser humano, podendo modificar de forma consistente a ativação das hélices do DNA humano. Foi dessa forma que houve alterações moleculares e celulares em toda a vida no orbe terrestre há milhares de anos. Muitas conexões vêm de mais de 20 milhões de anos de existência de povos pouco conhecidos por nós. Antes mesmo dos Sumérios que se conectavam com "Anunnaki", como assim os denominavam em sua língua nativa os "que vêm das estrelas", já havia seres de vários cantos do universo realmente interessados em nossa evolução e em nossa destruição. Atlântida é a cidade perdida que fica localizada no centro do Triângulo das Bermudas e, hoje, serve como um portal de locomoção entre espaço e tempo. O homem não entende como funciona esse portal para os mundos, e aqueles que voltam, retornam com informações embaralhadas sobre as várias dimensões estudadas. Muitos são cineastas que deturpam a ideia de como funciona o cosmo e suas leis. Outros relatam de forma original a convivência com alguns seres sem evolução de algumas galáxias, cujos planetas foram extintos por causa de seus superegos.

Dentre essas visitas e passagens do espaço-tempo, houve trocas de tecnologia por parte de nossos governantes. Troca de seres humanos, abduzidos para suas experiências genéticas. Muitos estiveram por aqui e cruzaram com terráqueas. Tanto os bons irmãos das estrelas como os sem evolução. Algumas insígnias mostram que "Anjos" desceram dos céus e tiveram relações com terráqueas. Na antiga Mesopotâmia ocorria a mesma situação. A falta de informações e as que haviam na época foram deturpadas, confundindo a tão falada Alquimia entre nós. Até mesmo a concepção do grande Mestre Jesus, quando esteve entre nós, é tão questionada por causa da aparição do Anjo Gabriel. Essa concepção fez parte de um plano maior da Força da Criação em amor aos habitantes perdidos de nosso planeta. Hoje, ela existe entre os cientistas que acreditam na inseminação artificial. Mas se existe vida como pode ser artificial? Se existe a alma nada pode ser artificial. Nem o artificial quando existe a alma é concebida pela força do AMOR que a fonte Criadora tem por nós. Mesmo com toda essa alteração genética, o ser humano tem sido observado não apenas pelos seres reptilianos, mas também por uma confederação intergaláctica muito poderosa que protege nossos campos eletromagnéticos da Terra de possíveis invasões. Essa mudança na cadeia genética e as ativações que estão ocorrendo ao longo do planeta, com a abertura dos portais iluminados pelos Mestres da Luz, fazem com que a consciência dos Guerreiros da Luz seja expandida, promovendo assim uma vibração positiva no combate às estratégias malignas.

Há também os seres insectoides. Esses seres, há mais de 3 milhões de anos, implantaram no ecosistema da Terra as moléculas para seu processo evolutivo. Mas graças à dedicação dos Seres da luz e de seres extraterrestres que tentam manter a ordem entre as galáxias e os sistemas solares existentes, cancelaram esse processo evolutivo deixando assim, em nosso planeta, apenas resquícios do seria uma raça embrionária de insetos e espécies peçonhentas. Por causa das intervenções intergalácticas dos nossos protetores, esses seres insectoides são proibidos de viajarem entre as dimensões. Isso realmente poderia produzir um caos sem precedentes entre as raças em evolução, por se tratar de seres metamorfos. Já imaginou uma barata gigante? Os seres metamorfos são providos de uma tecnologia avançada que se faz presente na estrutura molecular e atômica de cada indivíduo de sua raça. Eles podem assumir a forma que quiserem e também se habituar à atmosfera de um determinado planeta, com maior facilidade e rapidez. O Comando Ashtar, assim como suas naves, também detém essa tecnologia.

Na Terra, a divisão das raças não foi nada mais do que um processo de colonização territorial por zona. Houve processos de inseminação e imersão das raças alienígenas, povoando desde o início ou até mesmo promovendo um projeto de multiplicação híbrida. Muitos foram expulsos de seus hábitats com o intuito de seus instrutores ou governantes de fazer com que esses seres aprendessem algo. Esse aprendizado seria para que, posteriormente, eles pudessem retornar e integrar suas respectivas raças. Nem todo o processo de ascensão é feito com a retirada do corpo físico. Os maiores mestres da humanidade tiveram seus corpos ascendidos para outro plano em estado físico e outros tiveram sua ascensão em forma de corpo espiritual ou astral, adentrando colônias espirituais, para depois, de lá, ascenderem para outros planos físicos em seus corpos concentrados de energia elétrica e magnética, separadamente. Isso se dá ao processo de evolução das colônias mais próximas da Terra e de outros orbes que funcionam com essas energias psicotrônicas. Lá eles têm o mesmo poder de metamorfose e se materializam na forma que bem entendem, em favor da evolução da raça humana e de outras raças espalhadas pelo universo a serviço da luz. São os seres que conhecemos como seres da sexta dimensão. São os guardiões dos raios cósmicos e instrutores da humanidade, que por meio de suas inspirações e canalizações, transmitem suas mensagens para alterar os níveis de consciência das raças em processo de evolução.

Muitos dos habitantes de algumas constelações que não atingiram a evolução adequada visam buscar uma forma de diluir o que foi feito em seus orbes, mas de maneira muito parecida com aqueles seres humanos que tendem a querer tirar vantagem de tudo e de todos. Existe uma conspiração entre seres humanos poderosos e alienígenas de vários cantos, de várias galáxias. A grande conspiração que ocorreu em nosso planeta foi sem dúvida a dos seres reptilianos, mediante ignorância sentimental dos Grays, para promover a autodestruição da espécie humana e a colonização da Terra. Um dos portais ativados pelos Grays, em 1941, foi o Triângulo das Bermudas. Recentemente, em 2009, tivemos outro portal aberto. A Porta Estelar ativada no Golfo de Áden é de origem positiva Nibiruana. É um vórtice circular de uma milha de diâmetro que é uma abertura a Telos e à Rede Agartha. Mantém-se mediante tecnologias consistentes, em anéis metálicos suspensos sobre a superfície desde 2009. No dia 8 de julho de 1947, em Roswell (Novo México, Estados Unidos), o jornal *Roswell Daily Record* publicou em primeira página a notícia de que o 509º Grupo de Bombardeiros, da então Força Aérea do Exército dos EUA, havia tomado posse dos destroços de um disco voador: RAAF (*Roswell Army Air Field,* Aeródromo Militar de Roswell) "capturado" disco voador em rancho na região de Roswell, era o título da manchete.

6. A Mudança que Pode Curar

Desde então, as forças armadas do mundo estão à procura dessa tecnologia alienígena para fins egoístas. Assassinaram por diversas vezes vários Grays que tentaram se aproximar da Terra e entender nossos costumes, nossas fontes de nutrição e ajudar na evolução do ser como um todo e, inclusive, tentar um resgate dos seus que aqui ficaram e morreram nas mãos daqueles que mandam neste planeta. Mas nem tudo foram apenas flores por parte dos ETs e alguns seres de estrelas distantes e não evoluídas emocionalmente. Eles começaram um processo de abdução de seres humanos com fins de estudar e modificar a cadeia genética deles, tentando assim criar um ser "híbrido", um Homo-alien. Neste mesmo tempo, seres mais perigosos de uma das estrelas da Constelação de Órion, os "reptilianos", decidiram mostrar solidariedade aos Grays em seus sequestros e ofereceram tecnologia a eles, que, por sua vez, ofereceram tecnologia aos humanos nos anos 1950. Em troca do resgate dos seus, fora oferecida tecnologia de espionagem, cura de algumas anomalias para enriquecer o mercado farmacêutico, técnicas de armamento, suplementos para desenvolver supersoldados, etc. Em meados dos anos 1950, as negociações começaram a fracassar porque as contas não batiam para os alienígenas em seus bancos de dados. Houve uma revolta por parte dos Grays e eles se retiraram. A maioria dos nossos irmãos estelares que vieram nos visitar foi capturada, torturada e morta pelos humanos e suas agências de inteligências, se é que podemos chamá-las assim. No começo dos anos 1960, os reptilianos propuseram um acordo. Em troca dos ensinamentos psíquicos sobre telecinese, telepatia, tecnológicos como fibras óticas, computadores, armas de destruição em massa, eles teriam o livre acesso e a obscuridade da agência de inteligência, entre outros órgãos governamentais, para abduzir, inseminar, implantar e controlar seres humanos. Microchips foram implantados para fins de monitoração genética e de localização de algumas pessoas, as quais estão instruídas para não proliferar a verdade sobre os alienígenas, e sim distorcer as histórias, mesmo que seja à força... Mesmo que seja por meio da morte.

Esses chips contêm uma espécie de código de barras jamais visto por nós. Os implantes nas décadas de 1940, 1950, 1960, 1970 eram metálicos e de tecnologia similar ao atual GPS. Hoje os implantes podem ser telepáticos com a inserção de chips magnéticos microscópicos com seus devidos códigos de barras contendo toda a informação genética e a alteração que pode ser feita em cada hélice do DNA humano.

Majestic 12 (mj 12) foi um departamento criado inicialmente para lidar com os extraterrestres. Teve seu começo com o presidente dos Estado Unidos, Harry S. Truman, em 1947, após o incidente de Roswell, caso que haveria chamado muito a atenção do presidente pelo seu "potencial". A princípio, era um comitê que englobaria os maiores cientistas, militares e lideranças políticas do mundo com o intuito de estudar todo tipo de tecnologia alienígena, assim como consolidar contatos com outras raças extraterrestres. Entretanto, com o sucesso de alguns projetos, esse seleto grupo percebeu que estava com uma valiosa "arma" na mão. A tecnologia alienígena era inacreditável, capaz de realizar feitos que nós, homens, sequer poderíamos imaginar. A ganância apareceu e o departamento transformou-se em um governo. Agora seriam essas pessoas as responsáveis por controlar o mundo, manipulando-o a sua vontade. Algumas versões dizem que o MJ12 é apenas mais um "tentáculo" do governo em conjunto com os reptilianos. Existe também a versão que diz que o MJ12 é, na verdade, uma matriz de um governo alienígena aqui na Terra e que as ordens provinham diretamente dos cabeçudos cinzentos apelidados de Grays. Após os anos 1970, tudo foi encoberto pelo governo norte-americano e enclausurado da população na misteriosa Área 51. A Área 51 foi criada em conjunto com a agência de inteligência e os alienígenas reptilianos para estudos das naves capturadas, formas de manipulação em massa estudos laboratoriais dos seres clonados. Área 51 é um dos nomes atribuídos à região militar restrita no deserto de Nevada, próxima ao Groom Lake, Estados Unidos. É uma área tão secreta que o governo norte-americano só admitiu sua existência oficial em 1994 e ainda com muitas restrições. É muito provável que seja uma das bases de testes aéreos mais sigilosos. É considerado, por exemplo, que o avião invisível ao radar, F-117, foi desenvolvido nessa base. Alguns grupos que discutem fenômenos extranormais atribuem um envolvimento da força militar americana com extraterrestres. Nenhum desses argumentos foi confirmado nem negado em virtude do forte esquema de sigilo militar. Hoje em dia essa região está sendo desacreditada, assim como o paralelo 33. Teoria da conspiração! Tudo viagem!, garantem os congressistas de plantão. Para amenizar a preocupação e o sofrimento dos seres humanos, digo que existem seres que possuem LUZ! Arcturianos, Pleidianos, Sirianos, seres confederados da estrela maior de Órion, Bellatrix, Alfa Centauro. Seres que nos protegem como a Unidade de Defesa Interestelar do Comandante Ashtar Sheran, os Arcturianos e o Povo Azul de Arruandan.

Na Estrela Rigel de Órion, a Ordem do Dragão Negro surgiu na região central Órion, nessa estrela Rigel, a qual representa o berço das raças reptilianas. Os Dracos foram formatados (construídos) a partir de um propósito essencial: sobrevivência biológica, mental e emocional nas piores condições geológicas e ambientais de existência. Os reptilianos e insectoides não têm sentimentos, porque isso não faz parte de uma matriz genética original. No entanto, têm um enorme poder intelectual, uma mentalidade racional mil vezes superior a um humano. O QI de um reptiliano inferior está entre 600 a 700 (o nosso dificilmente chega aos 100). O QI de um reptiliano de nível superior é de 2.600 (no entanto, não tem emoções. É regido pelo lado do hemisfério esquerdo humano). As primeiras formas de vida a entrarem no braço de Órion foram os Draco-Insectoides. Uma de suas estrelas se chama "satânica". Satã foi um ser que atuou na modificação dos seres introduzindo energias, genes não recomendáveis! As formas de vida que entraram em Órion foram marinhas, insetos e répteis. A função dos reptilianos em nosso planeta é repovoar a terra e formar junto com alguns terráqueos super-humanos, híbridos, "Homo-aliens", justamente para conquistar outros planetas de galáxias diferentes, e para descobrir como derrotar a grande galáxia do Sol central de Alcíon e seus seres que defendem a ordem no universo.

A ideia dos seres que querem colonizar nosso planeta é enganar por meio da entrega de poderes a um seleto e pequeno grupo de pessoas. Quando se trata de uma guerra, seja ela qual for, se torna um ato monetário, um modo de "comprar" o ser humano. A ideia é fixa em formar uma espécie de planeta fora do sistema intergaláctico confederado liderado pelos Seres de Luz, fazendo com que as proteções naturais e os recursos fiquem escassos, como a água, destruindo a camada de ozônio, alterando o sistema climático da Terra para fins de adaptação por parte dos reptilianos. O clima na Terra hoje está desequilibrado justamente para que ocorra uma adaptação desses seres. A implantação de derivados do flúor e de outras substâncias, que descapacitam o ser humano em sua progressão de raciocínio e de se conectar com o seu Eu interior, facilita o processo. Se os seres humanos se autodestruírem, como vêm fazendo em longa escala, de quem seria a culpa? Uma questão de escolha? Quem vai para uma guerra lutar pela sua nação, ou quem luta em nome de um "deus", sabe e por que realmente está lutando? Não existe intenção desses seres de se mostrarem. Quanto mais ocultos e hipnóticos melhor. Quanto mais a população acreditar que eles não existem, mais fácil fica o trabalho de manipulação pela mídias, e ainda pior, pela religião. A ramificação religiosa causa o caos. A histeria da oração atrapalha a introspecção e a meditação. A meditação e o silêncio fazem com que o ser humano anule as ondas vibratórias dos alienígenas reptilianos e abra uma corrente vibracional com os alienígenas positivos, seres do bem que querem ordem nos quatro cantos do universo.

Os confederados intergalácticos nos protegem, mas por causa das condições de mentalidade fútil e da entrada de alguns seres reptilianos, implantes e da forma pela qual o governo que "governa o governo" age, fica quase impossível de promover um socorro em massa. Por isso se tornam casos tão isolados. A guerra foi declarada entre os seres de LUZ e os seres das TREVAS! Uma guerra invisível, ainda mais nos dias de hoje, por se tratar de uma tecnologia e astrotecnologia avançadas e aplicadas por ambos os lados. Pessoas se suicidam sem um porquê aparente. Assassinatos ficamsem solução. Leis não têm o menor sentido humanitário. Magos negros reencarnam desde a era de Atlântida. Uma distribuição demográfica longe da realidade da criação do universo e da Terra! Ninguém desaparece sem deixar rastros! Infelizmente, para a grande massa, nada é o que realmente parece ser.

Desde que comecei a trabalhar profissionalmente com as energias quânticas, precisava de uma explicação que fosse pelo menos convincente sobre a atuação das energias extraterrenas, em conjunto com as intraterrenas. A matéria escura, teoria das cordas, colapso de fusão de onda, tudo é muito legal e científico, mas e o verdadeiro poder que faz com que esses seres nos usem como marionetes? O poder do amor é o combustível da fé inabalável. Eu presenciei uma série de acontecimentos curativos ao longo de minha trajetória espiritual, tanto comigo, ou seja, através de mim, como por intermédio de outras figuras mediúnicas. Já estudei em alguns casos a semelhança entre gnomos, fadas, duendes, ondinas, sereias com os seres intraterrestres que alguns terapeutas, entre outros escritores, descrevem em suas experiências. Foram descobertas recentemente cavernas de cristais de quartzo gigantes em profundidades plausíveis. Esses cristais, depois de examinados, podem conter uma capacidade de armazenamento de dados assombrosa. Muitos estudiosos e cientistas estão tentando desvendar sue uso. Os holísticos já sabiam o poder de armazenamento quântico desses cristais e suas propriedades curativas nas frequências emocionais. Cristais absorvem campos de frequências negativas e íons negativados de ambiente e pessoas, como se fossem um "antivírus". Eles são capazes de armazenar essas informações e, depois de energizados corretamente, eliminar essas informações negativas para que se possam reutilizar sua energia e seus prodígios terapêuticos. Depois de anos estudando essas pedras e seus funcionamentos, radiestesistas desenvolveram uma pedra que se chama "Orgonite". Ela tem a função de transmutar de energia no local em raios de três a 20 metros de diâmetro, dependendo do tamanho da pedra. Também pode ser construída com fragmentos de outras pedras preciosas encontradas na natureza para potencializar ainda mais seus efeitos curativos da energia ambiental ou pessoal. A diferença dessas pedras é a possibilidade de não precisar se energizar periodicamente como as outras.

Em um estudo mais aprofundado que fiz sobre energia quântica, descobri as alterações dos multiversos em suas frequências, como o ThetaHealing. Analisei alguns manuscritos que falavam claramente sobre um campo infinito de possibilidades entre uma camada dentro da estrutura atômica. Interessante saber que temos um catálogo universal de infinitas possibilidades, mas quem as limita para nós? Se segundo alguns pesquisadores poderíamos estar vivendo aqui uma situação e, consequentemente, a mesma situação em outro plano dimensional, esta teria o mesmo final como na nossa dimensão ou poderíamos alterá-la? Seria uma espécie de "viagem no tempo"? Foi-me passada a informação de que os terráqueos (assim mesmo que me foi passado) não entenderam a associação das partículas subatômicas em seus imensos aceleradores, com a função dos buracos negros do espaço sideral. E, é claro que não vão encontrar mesmo essa funcionalidade, antes de ter uma grande expansão na consciência. Não vão adiantar nada, mas absolutamente nada, as viagens espaciais que levam anos e mais anos para chegarem a algum lugar. Já existe uma base no lado escuro da nossa Lua. Essa base serve para experiências de ordem extraterrestre, com o medo de um ataque iminente provindo das forças que eles mesmos contataram em tempos de outrora. É como se estivessem esperando o Papai Noel trazer os presentes na noite de Natal. Os extraterrestres não vão fazer aparições dessa forma.

Eles já tentaram contato com vários governos da Terra, sem sucesso. Eu mesmo fui testemunha da fita cassete, em que o amado Comandante Ashtar explica 16 minutos sem parar sobre várias situações em que nós, os humanos, colocamos o planeta em xeque. Ele fala inclusive de uma intervenção contra sua vontade. Contra a vontade deles, pelo profundo amor e crença que têm em nós. Ele fala sobre a necessidade de melhorarmos nossos pensamentos e sentimentos. Mas creio que este prazo está acabando. Chico Xavier, o maior médium que esse planeta já abrigou, falou sobre a "data limite". Mas essas informações, segundo Lorde Arcturo, podem ser deturpadas pelos seres que rondam as transmissões de dados por meio dos vários satélites que orbitam a Terra. O que poderia ser uma intervenção aceita pelas defesas de nosso planeta pode se transformar em uma guerra sem precedentes, se tratando dos seres reptilianos que podem se passar pelas forças do Comando Ashtar, mesmo que seja por tempo limitado. Porém, esse tempo poderia ser o suficiente para desmontar as defesas terrestres e causar uma destruição sem tamanho. Por muito menos, seres que ficaram no anonimato em uma brigada de míssil norte-americana desativaram todos os mísseis sem ao menos saírem de suas naves. Não importa a aparência desses seres, já que eles são metamorfos. Uma informação muito importante o Comandante Ashtar e Mestre Karra Ran deram em relação à aparência desses seres:

"Se você por um acaso encontrar um ser extraterrestre que não tenha a aparência de um ser humano, corra! Isso serve para as naves visíveis no céu por muito tempo!"

Isso me deixou um tanto encafifado durante um tempo, até que a explicação veio de Mestre Bal Kazai, que tem a aparência humana, só que de cor azul:

"Os metamorfos não conseguem ficar por muito tempo manifestando, tanto física como ectoplasmicamente, a projeção de uma figura

contemplada em sua mente para enganar os demais. É como você, meu filho, que aprendeu em seus estudos mágicos sobre o 'glamour'. Nada é para sempre e existe um tempo para se desintegrar aquela aparência falsa e a verdadeira aparecer. E quando ela aparece, não é nada bonita ou harmoniosa".

O "glamour" é uma técnica muito complicada e quase impossível de se transformar em algo ou transformar algo em você para que apenas o outro veja. Bal Kazai é um mestre de cura quântica, tanto emocional como física. Ele consegue transmutar as mais densas energias de falta em vários âmbitos da psique e do físico de alguém. Eu mesmo já pude sentir sua energia curativa, não apenas comigo em ocasiões esporádicas, mas também com meus clientes nos trabalhos de cura radiônica. Depois de tantos anos buscando uma forma precisa de conexão com esses seres, eis que encontrei, por meio da energia quântica, uma fonte de energia direta desses seres da luz. Em meio a esse trâmite de restabelecimento das camadas energéticas, com a ajuda dos seres extraterrestres, em um de meus desdobramentos apométricos para envio de energia curativa para um câncer de um familiar próximo, pude reconhecer uma entidade poderosa que trabalha em conjunto com a corrente de cura de Bezerra de Menezes e André Luiz. Um médico espiritual que veio, através de mim, promover as cirurgias quânticas espirituais. Durante esse processo, que é totalmente consciente, pude perceber a chegada de outros seres com vários artefatos no auxílio do processo cirúrgico do médico. Esses artefatos eram orgânicos e ele chegou a comentar que se tratava de uma "experiência" para novos tratamentos.

Um deles, pude observar bem, se tratava de uma espécie de "minhoca" prateada reluzente. Um artefato que ele implantou na ferida aberta, em outro corpo sutil é claro, na pessoa que estava em uma maca. Em outra ocasião, ele abriu um ou mais corpos sutis, e eu pude ver um breu. O corte estava bem aberto, mesmo ele tendo feito com um galho de arruda. De dentro dele saía uma gosma preta, parecido com óleo queimado. Ele se livrava dessa gosma e colocava outra coisa que outro ser, atrás dele, punha em suas mãos. Fiquei tão impressionado com a cena da gosma, que me esqueci de observar o que de fato ele tinha recebido em suas mãos. Em outra vez, anteriormente a esse episódio com o meu médico espiritual, eu praticava o Xamanismo e uma pessoa em questão estava com câncer em sua garganta. Ela me pediu para fazer um ritual xamânico, mesmo sendo de família cristã. Eu fiz e ela dormiu em minha cama de hóspedes na época. No dia seguinte, foi fazer uma radioterapia. Lá chegando, ela me contou que a colocaram na sala de radioterapia e uma enfermeira a deixou só. Passaram alguns minutos e dois enfermeiros entraram na sala: um deles ela descreve como um ser bem jovem, de aproximadamente uns 23 anos, e o outro mais velho, com uma barba bem-feita. O mais novo colocou algo em sua boca e disse: "Não tenha medo, esse é um remédio para deixar você melhor". O mais velho estava do outro lado fazendo alguns procedimentos. Isso, segundo ela, durou uns três minutos. Passado esse tempo, eles saíram da sala e objeto que aquele homem colocara em sua boca desintegrou-se. Quando a enfermeira voltou, ela perguntou sobre os dois enfermeiros que ali estiveram, e a enfermeira de prontidão disse: "Não entrou ninguém aqui! Não dava para entrar!".

Isso não poderia ser possível, já que ela sentiu a estrutura do objeto que aquele enfermeiro colocou em sua boca. Algo parecido com a estrutura de uma palha de aço, mas o gosto era bom. Ela teimou com a enfermeira, mas sem sucesso. Passaram-se alguns dias e ela me contou essa história. Eu senti um arrepio e a levei para meu altar, no qual havia as fotos dos Mestres Ascencionados. Imediatamente ela apontou para dois dos Mestres que estavam na parede: "É esse aqui! E esse aqui!" Era Mestre Hilarion e Mestre El Morya. Mestres de cura e de evolução da consciência por meio dos raios verde e azul. Mestres que são protegidos pelo comando Ashtar e pelas CI (Confederações Intergalácticas) que trabalham em conjunto com os Arcturianos e o Povo Azul. Ela ficou sem entender como eles poderiam tê-la tocado. Eles não são espíritos? Não, queridos leitores, eles são seres extrafísicos. São Mestres que ascenderam em corpo físico na sua totalidade e habitam uma das cidades suspensas dos mestres do universo, e são os guardiões dos raios cósmicos.

O que aconteceu naquele ritual é que, mesmo depois de ter aprendido outras vertentes ritualísticas para aprimorar meus conhecimentos, não consegui me desvencilhar das energias que provinham das naves do Comando Ashtar. Essas energias são coligadas às energias bioenergéticas dos Mestres e Mestras da Luz. São de uma preocupação tão grande com a evolução da Terra e de um amor tão profundo por nós, que mesmo que a pessoa não mereça a cura, se isso for proporcionar alguma mudança em um maior número de pessoas, vai acontecer de uma forma ou de outra. E esse tipo de situação não fica inerente apenas aos Senhores do carma e a seus processos de resiliência e de resgates. Todo o propósito do Plano da Criação que citei anteriormente é discutível quando se trata de

Mestre El Morya   Mestre Hilarion

energias extraterrenas. Essa turma realmente não respeita nenhum tipo de acordo intergaláctico feito antes ou depois da criação do orbe terrestre. Quem dirá ter respeito ao sistema carmático da humanidade. A associação com os poderes das trevas espirituais da Terra feitos por esses seres apenas ajudou a astrotecnologia de tais Magos e Obsessores a amplificar de forma eficaz os caminhos do carma de cada indivíduo, promovendo assim um peso bem maior do que ele realmente deveria estar carregando.

Em uma de minhas canalizações, e confesso que foram poucas, Mestre Karra Ram disse:

– *O grande Rabi da Galileia, Mestre Jesus, Sananda, que hoje nos comanda com todo o Amor Universal que sempre sentiu por vocês, disse: "Farão as minhas Obras e até melhores do que estas...". Vocês são deuses encarnados, queridos e amados habitantes do planeta Shan! Todos têm o que vocês mesmos chamam de a Centelha divina! O divino "EU SOU", a presença Divina em um invólucro de carne! "E o verbo se fez carne", esse é o princípio da Criação! Transforme o grande poder do Amor que existe dentro de vocês e tudo que fizerem dentro da força-pensamento se realizará! Seja LUZ enquanto há tempo para que possamos aniquilar a escuridão implantada em vários pontos do universo. Sim, as sombras existem e fazem parte do equilíbrio de todas as coisas. As sombras exercem um papel direcionado. Não há um monitoramento direto dos reptilianos de ser para ser, assim como é feito pelos seres que compõe o Comando Ashtar. O Comando Negro em questão não consegue alcançar essa tecnologia, provinda única e exclusivamente das esferas e das câmaras da Criação. O que ele é capaz de fazer é conectar por meio da espiritualidade e de sua frequência inferior, e modificar todo o código genético das hélices do DNA que ainda não foram ativadas. O que pode acontecer com essa ação é uma série de despertar para o crime, para as desavenças, sentimentos de vinganças e as demais sensações que os criadores de tais substâncias nocivas querem incorporar. Um gostar desenfreado pela corrupção, um gosto pela luxúria em demasia, um prazer em ver as outras pessoas se darem mal, uma introdução à ingratidão frequente, a falta de perdão sequencial, uma sensação de liberdade e prazer intenso em presenciar ou até mesmo ser o percurso da morte de alguém. Nunca podemos duvidar da ação desses seres. Eles estão dentro de algumas religiões, disfarçados de sacerdotes, estuprando a psique humana, realizando uma série de conflitos internos sobre o que acreditar e em que acreditar, fazendo com que as pessoas comprem seus lugares no Céus inocentemente e, em alguns casos mais preocupantes, fazendo com que fiéis comentam suicídios em massa ou até atrocidades em nome da intolerância. Isso é obra do Comando Negro em conjunto com os Magos Negros do Umbral. O que está acontecendo é que alguns seres querem tomar uma terça parte das galáxias com essa energia e implantar o caos. O planeta Shan está na rota de colisão. Eles não podem nem tem a permissão de entrar com suas naves e promover esse caos, então ele é trabalhado há séculos silenciosamente, fazendo com que suas próprias atitudes ativem a Natureza contra si mesmos. Não deixem isso acontecer. O universo está conectado e todos os planetas precisam dessa conexão. Usem o AMOR UNIVERSAL! "Façam com que esse amor esteja presente em suas vidas e vocês serão protegido e guiado para a LUZ".*

Tudo é comandado, sim, por um ser extrafísico bem conhecido dos primeiros livros da história espiritual da humanidade: Lúcifer. Com toda a sua arrogância, mas com muita inteligência e conhecimento, decidiu mostrar para o poder da Criação, ou Deus como queiram, que o ser humano não vale nada e que Ele, Deus, se arrependeria de ter criado tal criatura tão horrível. Se analisarmos o quadro geral com a visão terrena, ele pode ter tido razão. O que incomoda esse cidadão, é a questão de ele não ter mais o poder ultradimensional que possuía. Ele não faz mais parte da cúpula dos seres ultraterrestres, portanto, não possui mais o poder que tinha quando era o braço direito da Inteligência Suprema. Não estou dizendo que ele não seja poderoso, mas a aliança que fez com outros níveis ruins de frequência é que o trouxe tão longe e marcou pessoas com seus desejos de poder e vingança, a ponto de cultuarem tão idiota criatura. Essa não é a visão dos seres da luz, graças, Adonai Elohim! O tal Anjo caiu de seu posto e deu lugar a outro ser extrafísico que trata a humanidade com muito carinho e amor, apesar de ser austero e implacável quando precisa: "Metatron, o Arcanjo Dourado".

Há milhares de anos, deuses e humanos conviviam em harmonia e ocupavam seus espaços dentro do planeta em suas diversas regiões. Em alguns lugares, como no Egito, houve dinastias inteiras comandadas pelos seres das estrelas, assim como outras civilizações. Durante muitos séculos, o respeito pelos deuses e o diálogo entre humanos e esses gigantes na instrução das construções sociais que difundiram os conhecimentos e várias culturas, estavam em comum acordo. Não havia, há pelo menos 45000 a.C., nenhum episódio de discórdia entre esses humanos e os Deuses. Nos panteões que deram origem a religiões e tradições pagãs, havia uma perfeita simetria. Quando os seres que compõem hoje o chamado "Comando Negro" perceberam que poderiam adentrar em algumas filosofias e usar os comandantes da Terra para desnortear a frequência por causa da atitude egocêntrica de cada um, eles assim o fizeram. Infiltraram-se, então, os répteis de várias estrelas com a direção dos draconianos. O disfarce era perfeito, já que mesmo na constelação de Órion, é possível a desarmonia entre eles e os seres da Luz. Quando os grandes Deuses perceberam essa indulgência e a autoproclamação dos comandantes como o "próprio deus", as energias benéficas se afastaram e as maléficas tomaram a frente. Em passagens bíblicas, por exemplo, um único povo conseguiu por meio de seu próprio Deus, aniquilar um império grotesco e impiedoso, de seu dirigente egoísta e melindroso, com pragas e maldições. Um Deus de amor e misericórdia não poderia fazer tal feito, se não fosse pelo abandono dos deuses que já não se faziam mais presentes, mediante o egocentrismo e a soberba de quem governava tantos. Perante esses acontecimentos, houve um tratado entre esses seres extraplanetários. Esse tratado nos colocou na sensação nítida de estarmos sozinhos neste planeta. Só poderiam atuar em dimensões nas quais líderes, governantes e pessoas comuns não pudessem ver nem ouvir suas interferências. Eles iniciaram um método de atuação nos campos sutis dos seres humanos. Com isso, o livre-arbítrio fora definitivamente sancionado e apenas os que tinham mais destreza de pensamento poderiam ter a conexão exata com quem deveria ter. Mesmo depois da vinda do messias, muitas civilizações e raças cometeram os mesmos erros e ampliaram os mesmos entraves.

Depois de séculos de tentativas no processo de evolução, ainda assim alguns reis e governantes apelavam para aqueles que tinham maior domínio sobre as forças do sobrenatural. Muitos tinham em seus reinados os conselhos, e seus conselheiros eram magos e bruxas. Mas os seres que administravam o governo não queriam que essas pessoas tivessem conhecimento para atingir um grau de espiritualidade para alcançar as informações privilegiadas que os seres de Luz, intra ou extraterrestres, poderiam lhes fornecer. Então, ardilosamente, intuíram a nova religião criada e fundamentada em vários ritos pagãos a cometer um dos maiores, senão o maior, genocídios que já se ouviram falar em nosso planeta. A caça às bruxas eliminou mais de 500 mil pessoas. Foi um período tão trevoso promovido em nome de um Deus, que alguns historiadores do assunto chegam a acreditar que o próprio poder da Criação tirou férias nessa época. Uma onda de solidão tomou conta do planeta e o afastamento das esferas de luz foi proposital. Os seres impuros extraterrestres tomaram seu lugar e implantaram o medo e o terror, que ainda há em vários lugares do mundo. Com o tempo, as naves e a aproximação do Comando Ashtar, como ele é, e não disfarçado de Anjos Guardiões, mostraram e ilustraram esses fatos e alguns que ainda estão por vir, se não tomarmos a consciência de nossas ações. A história contada no livro sagrado é apenas a de um povo. Existe uma infinidade de histórias, que apenas por manipulação de alguns se tornaram somente mitologias e lendas.

Essa manipulação não é inerente à entidade citada e definitivamente aceita como o "único Deus". Ela foi promovida por interesse dos seres extraterrestres que a fizeram com algum propósito bem mais obscuro, manipulando os sentimentos com um objetivo certeiro de manter populações separadas por crenças e valores, com suas armas apontadas umas para as outras e a intolerância como forma de defesa de seus ideais. Isso nada tem a ver com os ensinamentos do Messias, que desde seu nascimento, mostrou enfaticamente que tudo no universo caminha em prol do bem e do mal. A ajuda dos Reis Magos foi de suma importância para que a vida do Menino Jesus fosse de fato poupada pelas atrocidades do imperador. Ele os enviou para que encontrasse o menino vindo das estrelas e relatassem exatamente a localidade, já que os Reis Magos detinham um conhecimento absurdo das estrelas. Eles reconheceram o poder daquele menino simples em sua manjedoura e mentiram para o imperador, salvando a vida do garoto que se tornaria um dos grandes mestres da humanidade. Essa atitude desses Reis, posteriormente seria lembrada, mas ofuscada pela própria religião que condenaria à morte vários descendentes de suas sabedorias. Essas ações foram instruídas pelos seres impuros. Vou chamá-los assim daqui por diante, os seres reptilianos e draconianos. Neles englobam-se as legiões da estrela "satânica, capela, Rigel e Draco" e o comando Luciferiano que caiu para essas dimensões. Os seres impuros esperaram friamente e usaram suas habilidades para desenvolver um clero, dentro do clero. Depois que tal feito foi instalado, os impuros decidiram manipular essa frequência para caçar os descendentes de Belchior, Baltasar e Gaspar.

Nos dias atuais, as pesquisas sobre extraterrestres têm sido mais abrangentes e muitos pesquisadores estão "abrindo suas mentes" para um formato além da energia. Há muitos anos, quando se falava em Apometria e seus processos quânticos, quando se falava em incorporações de irmãos de outros planetas em centros kardecistas, para alguns pesquisadores isso era motivo de piada. Hoje as coisas estão mudando e a aceitação de que para o lado de lá também há uma alma envolvida é muito plausível. As conexões feitas por intermédio da alma para os contatos e canalizações tomaram um corpo muito mais próximo da realidade física do que virtual. Por esse motivo, muitos pesquisadores adotaram as práticas meditativas e outros estão mais aliviados em saber que podem falar abertamente de um assunto tão abrangente. Em minhas palestras, pude conversar com muitos ufólogos que confessaram os sintomas de obsessões que podem ter uma origem propriamente dita: alienígena. Em uma de minhas pesquisas por meio do dispositivo quântico com que trabalho, obtive a informação de que os magos negros possuem uma fórmula para a projeção retrofractal de seres reptilianos no mundo astral. Eles "clonam" essas criaturas para que os processos obsessivos sejam mais fortes e duradouros. Quem consegue ver essas criaturas fica apavorado e aterrorizado com tamanha feiura, se assim posso dizer. Elas não são nada agradáveis nem tampouco metamorfas. Esse processo de clonagem não é perfeito justamente porque eles ainda não têm astrotecnologia suficientes para clonar os princípios da metamorfose. Criam seres nojentos e bem demoníacos. Esses são os seres que foram confundidos com o Diabo que tanto o Catolicismo insiste em enfatizar e com toda a razão. Eles não têm escrúpulos e, quando se desgarram de seus "criadores", podem desenvolver inteligência suficiente para se tornarem donos de suas próprias obsessões, atravessando as multidimensões e causando possessões em vários níveis, fazendo especialistas apelarem para os exorcismos. Em casos como esses, nem sempre um exorcismo tradicional funciona. O que os reptilianos e seus comparsas procuram é a forma de se tornarem "ultraterrestres", com um plasma diferencial que atravessa as dimensões multi fractais sem estarem de corpo presente e saírem de seu lugar de origem, do qual se mantêm em seus corpos físicos, porém imensuravelmente menos densos que os nossos. Os seres do comando negro são densos e não possuem as características crísticas dos ultraterrestres, e isso incomoda demais essas criaturas. Esse foi o motivo do tratado que fizeram com os seres extrafísicos e espirituais do lado negro na Terra, para poder passar pelos portais dimensionais que possuímos.

Os casos mais abruptos de esquizofrenia se dão não apenas pelas obsessões, mas também pela força dos implantes que são inseridos nas pessoas. Quando um esquizofrênico diz que está ouvindo vozes na cabeça, pode não ser apenas espiritual, mas também ter um artefato microscopicamente sem rastreamento em sua região cervical. Na atualidade, esses implantes são colocados do astral para o físico e não ao contrário, como era feito em tempos de outrora. Esses implantes são retirados por meio de limpezas quânticas que trabalham diretamente com o comando, como é o caso da Mesa Psicotrônica. Desce uma espécie de "centrífuga" quântica que se acopla aos corpos sutis e introduz um desintegrador de partículas subatômicas, desfazendo o sistema molecular dos implantes. O implante é desintegrado e expelido pela urina. Já houve casos em que o assistido nunca mais sentiu as dores de enxaquecas que o perturbava durante anos. Pessoas que tinham dores crônicas na região da nuca ou pescoço puderam sentir um alívio instantâneo depois da desintegração dos implantes extraterrestres. Os processos curativos são incríveis, e a cada dia que passa me sinto mais e mais privilegiado por ter tido contato com seres tão evoluídos. Com certeza não é fácil falar sobre esse assunto tão abertamente, mas não pude mais esconder essas informações que, por tanto tempo, modificaram a minha vida e a de milhares de pessoas que passam pelos tratamentos quânticos em meu espaço terapêutico.

7. O Presente do Universo

Desde que comecei a trabalhar com a energia radiônica, muitas questões foram respondidas e outras começaram a surgir. Como é que uma pessoa consegue manipular uma energia tão sutil, como uma magia canalizada para fins obscuros, tendo sucesso sem ao menos haver uma conexão com a pessoa em questão? Eu já discuti diversas vezes esse assunto com terapeutas e cheguei à conclusão de que uma pessoa que pensa em enviar uma mandinga para alguém, não pergunta para a primeiramente se ela quer receber ou não tal energia. Ela busca algum artefato ou que contenha a energia dessa pessoa ou o DNA dela, como fios de cabelos, raspas de unhas, etc. Depois de uma conversa após uma sessão de Apometria com a turma, voltei para a casa e fiquei pensando nisso. De repente, senti uma energia estranha e ouvi uma voz em minha cabeça que dizia se chamar "Kryon". Eu me assustei porque estava no volante, mas dei ouvidos a tal voz. Ela iniciou um esquema em minha cabeça para montar uma máquina de cura. Uma máquina física que poderia ser usada para enviar energia de cura por meio do DNA ou do testemunho de quem quer que fosse, onde quer que o indivíduo estivesse. Desenvolvi essa máquina como esse Mestre me instruiu. Kryon é um Mestre que chefia o Serviço Magnético que auxilia os seres humanos em conjunto com o Comando Ashtar. Ele e seu comando são responsáveis pela proteção dos comandos estelares, criando um campo de força gerador de energia magnética com pulsações que limitam a área desses orbes. Esses campos magnéticos evitam a invasão de seres nocivos. Ele também controla a entrada de seres e a saída deles em alguns satélites como a nossa Lua. O lado escuro da Lua é protegido e monitorado pelo comando do serviço magnético liderado pelo Mestre Kryon. Já houver relatos de uma cidade lunar no lado escuro da Lua que não foi feita exatamente pelo homem, mas em conjunto com forças alienígenas estruturaram uma base de apoio para o monitoramento de alguns discos voadores que circundam as estações espaciais em órbita. Kryon usa seu poder para que o poder limitado dos humanos em questão, não tenha acesso a todos os códigos secretos e nem a todo o conhecimento que essa cidade possui. Essa cidade tem o formato de um símbolo muito conhecido e usado em vários panteões e por diversas crenças esotéricas.

Símbolo do OM.

Lembro-me bem de ter assistido a um documentário na internet que contava e mostrava exatamente esse símbolo como um mapa da cidade lunar. Esse vídeo foi retirado posteriormente.

Depois de ter criado essa máquina, comecei a testar nas pessoas. Os resultados foram surpreendentes, mas sem muita direção. A máquina era tão poderosa que, quando ligada, não conseguíamos ficar perto dela. Resolvi depois de um tempo desativá-la. Fiquei frustrado e pedi para que quando os Mestres pudessem me enviassem algo para substituí-la. Depois de quatro anos de criação dessa máquina, eles me enviaram a Mesa TKR quântica. Essa mesa tem o poder de acessar portais multidimensionais fractais por intermédio do Tesserato e infiltrar em níveis de frequências que eu jamais poderia imaginar sua existência. Os inúmeros avatares que se propuseram a esse dispositivo já foram citados aqui por diversas vezes. A criação desse dispositivo se deu em meio à descrição desta obra. Ela se chama TKR em homenagem a um dos mentores designados a mim pelo Comando Ashtar, Mestre Karra Ran. Espero que as conexões quânticas obtidas por esse dispositivo venha ajudar no processo curativo de muitas pessoas, assim como foi à máquina de cura. Embora tudo no universo possa não fazer muito sentido no começo, depois tudo se encaixa. Descobri uma terapeuta na internet que ensina uma conexão com a máquina de cura quântica que está à disposição nos níveis astrais, pelos nossos amigos estelares. Ela inclusive nos conta que um grupo seleto de milionários detém essa máquina em forma física, e a usam para curar suas doenças, rejuvenescer e eliminar distúrbios emocionais. Também temos essa possibilidade por meio desse recurso, assim como milhares de pessoas vão poder se beneficiar com Mesa TKR, que não apenas vai trabalhar os corpos sutis em seu duplo etéreo, como também os sete multiversos fractais que possuímos. Essa revolução provém de muitas instruções vindas de seres da sexta à vigésima segunda dimensão. Tudo isso se tornará claro e corriqueiro, mas vai demorar algumas décadas ou, talvez, séculos. Infelizmente, o ser humano não está preparado para receber em suas mãos as transmutações quânticas e as instruções para manifestar ectoplasmicamente, seus processos curativos, e criar seus próprios dispositivos de cura. São poucas as pessoas que têm esse contato e possuem os comandos certos para tais feitos.

Já houve diversas manifestações de cura em várias vertentes religiosas. Muitos milagres foram obtidos e, ao mesmo tempo, contestados. Quem realizava esses milagres de fato? Poderia apenas ser o Mestre Jesus? Só ele seria o detentor dessa energia para tal realização? O documentário de Stan Romanek, que alega ter sido abduzido inúmeras vezes por seres alienígenas, *"Extraordinary: The Stan Romanek Story"*, causou espanto e desconfiança em larga escala. Mas é impressionante como seu joelho foi curado de uma noite para o dia, causando perplexidade em diversos médicos. Se formos uma partícula da semelhança da Criação, e com certeza somos, temos o poder da cura sim em nosso interior. O que dificulta é a expansão de nossas consciências, principalmente a consciência coletiva. Eu presencio pessoas se curando de seus traumas em sessões de Reiki, radiônica e hipnose. O movimento quântico que há em todos os seres humanos também existe em larga escala no universo. A diferença é o avanço que os outros seres têm no quesito manipulação. A maioria dos nossos amigos estelares, das cúpulas intergalácticas benevolentes, nos envia mensagens canalizadas, agroglifos, imagens telepáticas, sons e vibrações para elucidar os portais que podemos acessar em busca de nossa evolução e de nossa cura interna. A humanidade precisa se curar de suas mazelas do passado e de seus traumas implantados por diversas atrocidades cometidas a eles mesmos pelos seres reptilianos e sua corja. O carma da Terra está entrando no ápice de seu tormento e não haverá outra saída a não ser passar por ele, mas amenizando a dor daqueles que ainda têm uma esperança nos seres da Luz e nos mestres que fazem de tudo um pouco para curar os habitantes deste planeta e sua natureza. Uma série de eventos catastróficos ainda está por se manifestar no mundo fenomênico, porém já criado em outras esferas e multiversos, pelas atitudes impensadas do homem e sua ganância pelo poder. Com toda a certeza, há um número seleto de pessoas que comandam o planeta, no intuito de fornecer energia e poder para os que vêm de fora do orbe terrestre. Os níveis de corrupção e atrocidades cometidas por esse grupo são quatro vezes maiores do que a corrupção que está sendo expurgada e notória em vários veículos de comunicação nos dias de hoje. Estamos falando de seres que estão sendo comandados por outros de inteligência pelo menos cem vezes maior do que o nosso QI. Desse modo, ouço dizer que podemos viver na ignorância, pois ela pode nos proteger do caos. Isso é uma mentira que implantaram em nossas sociedades, para que a manipulação e a alienação sejam eficazes. Em cada família em que há um ser que se desvirtua, existe uma conspiração tão poderosa quanto uma nação que declara guerra a outra. O tamanho do problema não difere de sua condição nem interfere no processo de cura dos seres de Luz. Da mesma forma que os nossos amigos estelares enviam energias para conter uma guerra, eles também mandam energia para conter um familiar em fúria que tenta espancar sua mulher. O que vem ocorrendo nos dias atuais é um aumento na introdução dos seres do mal, que se fazem presentes de maneira eficaz apenas pela passagem estúpida que os humanos dão para eles. Cada vez que a vibração se entope de larvas e miasmas da mesquinharia e da corrupção, por menor que ela seja, maior é o poder desses seres que emanam sua energia de impureza. Um filho cai nas drogas porque ele se associou com pessoas que não estão em um padrão vibracional de positividade nem têm nenhum caminho de luz que possam seguir, a não ser se drogar para tentar ser felizes. Isso já foi implantado há pelo menos milhares de anos, e estou falando da Era de Atlântida. Mestre Jesus disse: "Diga-me com quem andas e eu te direi quem és". Esse é o motivo de seres impuros das esferas espaciais conseguirem introduzir, por meio de vários processos que já foram mencionados neste livro, suas artimanhas e estratégias para que não haja saída e, assim, exista um motivo claro para uma possível invasão e evasão da raça humana. Já que não tem jeito, vamos eliminá-los.

Porém, o extermínio não seria total e sim parcial, com uma defasagem absurda. Os que detêm essa informação privilegiada já poderiam ter construído seus abrigos ou suas "Arcas de Noé", gastando milhões para depois repovoar nosso planeta em conjunto com os seres mais hostis do universo. Gente idiota! Eles realmente acreditam que seres draconianos, reptilianos, entre outros cruéis e avassaladoras criaturas que habitam a imensidão do universo vão permitir uma possibilidade de rebelião contra eles? Nunca! Tudo será extinto, inclusive a fórmula que foi usada há trilhões de anos no desenvolvimento do planeta.

Mas podem ter certeza de que o Comando da Luz não deixou nem deixará que isso aconteça. Há uma data-limite estipulada pelos seres da luz e repassada pelo grande médium Chico Xavier nos anos 1970. Existe uma possibilidade, mas pode se afirmar que se depender de seres do Comando Ashtar, a entrada não será em chamas, como dito anteriormente pelo próprio comandante.

8. O "Ono Zone"

Antes de começar a escrever este texto, que se iniciou assim que terminei o anterior, eu tinha uma visão separada sobre os Extraterrestres e Intraterrestres, das forças evolutivas e trevosas da espiritualidade que nos foi designada. Em tempos de outrora, tudo o que se falava sobre Deuses e Deusas acabou caindo por terra depois que escrevi e revisei este texto. O que são Deuses e Deusas, além de seres extrafísicos com capacidades intelectuais e energéticas infinitamente superiores às nossas? Nós temos a ciência hoje em dia em um avanço muito expressivo que de nota a evolução desde a peste negra, mas há relatos de escrituras datados de 4500 anos a.C. sobre os primórdios de uma ciência que atualmente está equiparada em fundamentos. De onde vinha toda essa informação? Tanto a tecnológica em tempos arcaicos, como astrológica, astrofísica e conhecimentos da medicina moderna? Se houvesse uma máquina do tempo e nossos cientistas voltassem ao século XVI, haveria uma revolução sem escala com a possibilidade de curas extraordinárias para o povo da época, sem contar no perigo de esses mesmos cientistas morrerem queimados em fogueiras "santas" pela Inquisição. A Apometria foi uma técnica que levou muito tempo para ser aceita pelo Espiritismo e suas ramificações. Hoje acontece o mesmo com a energia quântica.

Muitos cientistas ainda não veem com bons olhos quando o lado quântico se mistura com o misticismo ou o esoterismo, quem dirá com a espiritualidade. Ainda há que diga que estamos sozinhos no universo tão vasto e infinito. Portanto, queridos leitores, posso afirmar com convicção que não estamos sozinhos no universo e que tem uma turma que realmente nos quer bem, e outra que não quer. Essa turma que não quer tem um poder psíquico tão forte quanto os seres que nos protegem. A aniquilação da raça humana não é uma diversão para eles. É uma meta! Podemos dizer que em todo ataque terrorista há sempre um inimigo receptor infiltrado para facilitar o processo e fazer a bomba explodir. Com as raças alienígenas não é diferente. Há seres infiltrados, híbridos e metamorfos, prontos para fazer a "cama de gato" para a chegada de outras raças e a colonização de nosso querido planeta.

Como dito anteriormente, não foram eles que acabaram com tudo, e sim nós, que não soubemos cuidar daquilo que é nosso. Nem física, nem energética, nem espiritualmente falando. Eles estão errados? Não vamos deixar que estejam certos! Vamos mudar essa frequência enquanto ainda há tempo e enquanto ainda há seres que estão despertando para as dimensões superiores. Vamos elevar nossos padrões vibracionais para que possamos modificar a penumbra que circunda nosso orbe. Há um movimento em prol dos caminhos da Luz em várias religiões, porém os religiosos querem sempre expor seus avatares como os certos ou os únicos. Esses seres são extrassensoriais e não fazem a distinção de como nós entendemos a suas mensagens. Se um hindu entendeu daquela forma e o judeu de outra, se um indígena entendeu de um modo e o chinês de outro. Isso não importa nem um pouco para quem cuida de nosso orbe com tanto carinho. Isso não distingue hierarquia nenhuma nos arredores de onde vivem esses Seres de Luz e suas naves que nos protegem invisivelmente. Somos seres importantes na célula maior do universo. Somos uma microcélula que está absorvendo um câncer por meio do envenenamento de seres que não querem essa evolução, e implantam o terror e o medo em nossa vidas.

Quando conseguirmos ativar o Ono Zone em nossas máquinas de cura quântica e impulsionar com nossas crenças positivas essa informação para todo o planeta, muitas empresas que lucram com a doença desaparecerão. Quando conseguirmos mostrar que podemos ter uma alimentação diferenciada que nos eleve e nos tire os radicais livres e os íons negativados que causam as doenças físicas e emocionais, vamos conseguir mudar o plano de ação de quem lucra com a desgraça alheia. Quando a energia do dinheiro for livre e todos entenderem como conquistar a abundância que o universo nos dá de forma unificada, os "donos do mundo" não terão mais o que fazer com suas guerras lucrativas e sangrentas. Quando conseguirmos adentrar o verdadeiro Caminho da Luz, não teremos mais as trevas como adversárias, mas apenas como sombras para nos refrescar em um dia de muito sol. Quando entendermos que tem alguém invisível lucrando com a ideia de acabarmos com o nosso ecossistema, vamos pensar duas vezes antes de jogarmos lixo em nossas cidades. O raio Ono Zone e a energia Vrill, Prana, Ki, Chi, Espírito Santo são exatamente a mesma coisa, porém com formas diferentes de canalização. As energias provêm do mesmo lugar e da mesma fonte, a qual nos produz a mesma energia e na mesma quantidade há pelo menos cinco bilhões de anos. Antes de sermos criados, houve uma fórmula de criação muito maior e mais elevada, e dela se ramificou aqueles que se rebelaram contra essa criação, apenas pelo capricho de que deveria ter sido do jeito deles. Isso não ajudou em nada nossos ancestrais que, por ignorância, aceitaram a mesma energia provinda de vários cantos em diversass línguas e por meios distintos. A ancestralidade foi corrompida pelo lado negro também, e isso a história mostra com veemência. Maias e incas, depois de algum tempo ritualizando para os deuses, começaram a praticar sacrifícios animais até chegar aos sacrifícios humanos. Essa mutação nada tem a ver com os seres da luz que trouxeram o conhecimento astrológico e astronômico para essas civilizações. Dinastias inteiras foram corrompidas pela ganância e pela soberba, em nome dos deuses. Impérios inteiros foram transformados em campos de batalhas e arenas de mortes impiedosas, apenas por aparente diversão. Isso nada tem a ver com os seres da Luz ou com o Criador do universo. Nada tem a ver com o que foi proposto pelas raças interplanetárias quando tudo começou. Todos foram instruídos da mesma forma, mas absorveram de maneiras diferentes seus conhecimentos, em virtude do grau de lucidez que havia naquele momento.

Somos uma experiência híbrida em todos os níveis de vida existentes no planeta. Desde a vida marinha até espécies que sofreram mutações na vida terrestre por meio da evolução biológica e microscópica, fomos sempre um projeto laboratorial dos "deuses", nos rebelando contra a própria criação. Rebelamo-nos contra os desígnios e ensinamentos que nos foram dados pelas diversas raças que aqui colocaram seus genes experimentais. Desde que as primeiras formas de vida se fizeram presentes, tanto aqui como em outros orbes, tudo foi geneticamente modificado pela presença dos "deuses" e seus comandos técnico-biológicos. Por causa dos acontecimentos relatados no livro do Gênesis sobre os filhos de Deus que desceram dos céus, tomaram as mulheres e pela atividade sexual criaram uma nova raça, a confederação intergaláctica se reuniu para intervir nesse processo de colonização com o fim de retardar a evolução da raça humana, como foi feito em Atlântida pelos exilados de capela. Não somos uma experiência tão ruim assim, senão esses seres da parte negra da força não teriam tanto interesse em desarmonizar nossa trajetória e destruir nossos campos eletromagnéticos como a camada de ozônio, por exemplo. Nós não apenas nos rebelamos em diversos aspectos, como também tomamos a frente de nossas próprias experiências sobre mutações genéticas e modificamos toda a codificação laboratorial implantada pelos "deuses estelares", criando o que viria a se tornar religião. Construímos a nossa personalidade baseada nos ensinamentos deixados por esses seres e depois de muitas interferências de outras raças alienígenas, fomos moldando nossa sociedade, segundo a influência periódica de ensinamentos, abrindo campo para novas vertentes.

Na Antiguidade, animais híbridos com humanos, humanoides e insectoides, sofreram mutações em suas moléculas de DNA, recriando assim outras espécies de comum acordo com a atmosfera de cada planeta. Hoje temos conhecimento de que os humanos têm feito experiências genéticas em outros planetas com um funcionamento laboratorial para a criação de novas espécies de vida ou, até mesmo a criação de uma nova raça. Isso nada mais é do que a criação imitando seus criadores. Foi exatamente o que os Deuses Extraterrenos e sua cúpula criadora, com sua inteligência suprema, promoveram em diversos planetas e em várias galáxias. Somo sim experiências, porém com planos traçados e com um esquema tático espiritual de ponta, criado justamente para não haver desordem nas criações que estão atingindo seus estágios evolutivos nos confins do universo e em outros planos e laboratórios preexistentes há pelo menos bilhões de anos. Em todas as religiões, há relatos de deuses e deusas que, com toda certeza, foram parte desse experimento extraterrestre. Em quase todas há uma "Animal Totem". Sempre haverá uma intervenção de algum "Animal de Poder" em seus panteões. Até mesmo em Ezequiel e sua carruagem de fogo, há relatos de seres que desciam dos céus com corpo de homem e cabeça de animal. Em outros, há cabeças de elefantes com corpos humanos, cabeças de cachorros e totens que voavam. A habilidade dos seres reptilianos também se faz presente em alguns casos, como um trabalho laboratorial mediante seu QI incrivelmente avançado, espalhado pelo globo terrestre.

O objetivo desta obra é elucidar que não há exatamente um único Deus, cruel e insensível, como algumas Escrituras o descrevem. O que há no centro da criação do universo é uma energia arquitetônica de criação, além de um poder maciço de inteligência orgânica dentro dessa força suprema, que se espalhou pelo universo por meio de seus "filhos" espaciais para a realização de experimentos nas galáxias que se expandiram desde o processo de desenvolvimento conhecido como Big Bang. Por causa de muitos erros durante o processo de evolução desse território laboratorial, houve uma espécie de *reset* por parte dessa inteligência, que nada tem a ver com a fé de uns e a descrença de outros. Dilúvios, catástrofes naturais e modificações no processo evolutivo me fazem crer que se não estivermos de comum acordo com as tropas que circundam os sistemas solares e suas galáxias, não haverá piedade em reiniciar o sistema e começar um novo processo. Em várias mitologias se falou sobre essa reinicialização de forma drástica por causa da indulgência do ser humano e suas atrocidades. Estamos caminhando para mais um *reset* dessa magnitude, porém com um agravante a mais, partindo do pressuposto de que tomamos a frente nos processos de comando de nosso planeta e estamos transformando o orbe terrestre em um lugar inabitável para muitos dos seres que serviram de experimentos para raças alienígenas evoluídas de emoção e sentimentos. Nós temos o que muitos dos seres que habitam outras galáxias não possuem, que é a capacidade de amar. Muitos têm uma inteligência notória, mas não conseguem produzir a empatia que nós desenvolvemos por meio de nossas emoções. Chega a ser irritante para alguns seres que não querem a nossa evolução essa coisa de amor. Eles estão conseguindo alterar o centro de equilíbrio do ser humano, fazendo com que ele cometa atrocidades das mais simples até as mais complexas em quase todo o globo terrestre. Não é uma situação isolada, mas um problema de ordem mundial. Somos uma conexão só mediante o poder da experiência laboratorial que foi feita em tempos anteriores. Somos a possibilidade de ressurgimento de uma energia maior que nos criou e que nos fez uma parcela microativa de sua inteligência. Se somos atacados por outros seres no universo e telepaticamente influenciados a fazermos besteiras atrás de besteiras, ou como dizem os religiosos: *"Tentados pelo Demônio"*, é porque realmente temos algo de muito importante dentro desse invólucro de carne.

Eu fiz parte de muitas seitas e religiões para justamente entender seus funcionamentos. Em todas elas, há uma máxima que se contradiz sempre quando falamos de ufologia ou de seres de outras dimensões. *"Como é que conseguimos acreditar em algo que não vemos, mas conseguimos sentir?"* O invisível é visível para alguns e é bem nesse momento que conseguimos entender o processo da fé. Há uma vida microbiológica e uma vida macrobiológica em dimensões tão imensuráveis que não teríamos máquinas suficientes para tal feito. Tanto uma como outra são visíveis apenas para quem sabe sentir. Não vai adiantar fazermos uma vigília para esperarmos a chegada dos seres extraterrestres do comando Ashtar, das plêiades ou Sirius. Porque eles já estão aqui! E os sinais foram dados em diversos lugares do planeta e em muitas formas de comunicação. Uma delas são os agroglifos. O que seriam eles? São mandalas de comunicação para um processo curativo do nosso orbe. São geometrias que, quando aplicadas corretamente, são capazes de promover curas em larga escala. Quando conseguimos meditar sobre essas mandalas, abrimos portais para dimensões de seres muito evoluídos e que nos fazem enxergar as possibilidades que existem no universo e nossas curas emocionais por intermédio da Inteligência Suprema. Dentro desses agroglifos há uma corrente eletromagnética que preserva os trigos que são entortados sem quebrar a sua estrutura. Tudo de que precisamos não é usar máquinas para medir sua intensidade ou provar sua autenticidade. Isso já foi feito e com muito rigor por sinal. Precisamos usar esses símbolos para nos entender e compreender nosso papel no universo e em nosso planeta. Temos que usar a energia que provém dessas geometrias e abrir os portais que nos foram dados mediante essas comunicações. Em vários desses agroglifos, foram encontrados números binários e sequências que são descobertas em programações de computadores avançados. Mas será que essas sequências binárias servem realmente para encontrarmos a cura para determinadas doenças ou até mesmo modificarmos as alterações climáticas que nós mesmos causamos em nossa natureza? Ou servem para enriquecer os cofres de poucos, se tais pessoas encontrarem a cura real para enfermidades que até então não tinham a menor possibilidade de cura? Os extraterrestres não são tão imbecis assim para deixar essas marcas e seres híbridos, e até mesmo os metamorfos que habitam nosso planeta, descobrirem. É preciso sensibilidade para entender cada portal que foi deixado. É preciso ter o sentimento adequado para abrir essas cadeias energéticas e proporcionar para o maior número de pessoas suas curas emocionais, para que possa ser retirada a sua causa dentro da emoção e deixar de serem psicossomáticas as doenças por meio dos raios de íons negativados.

Cada agroglifo contém um código de ativação único que necessita ser encaixado com precisão em outro código de outro agroglifo, para que assim sejam liberados uma chave sequencial e seu respectivo portal. A maioria dos agroglifos possui símbolos do comando estelar de Arcturus. São símbolos de ativação do nosso DNA para que a reestruturação de nosso genoma se faça por completo e abra caminho para as novas experiências que estão por vir na era de aquário. Não há necessidade de se fazer isso fisicamente e, na verdade, nada do que esses seres fazem é de fato físico. Eles não utilizam raios cósmicos visíveis para tais desenhos. Eles usam a mente! A mente é o segredo, não o cérebro. O cérebro é a caixa que armazena as informações da mente no corpo físico, mas o software que comanda não está propriamente ali. Ele é interligado com comandos e sinapses cerebrais que são gerenciadas pelas nossas mentes em vários níveis de consciência. É assim que funcionam as naves desses alienígenas. Eles pilotam com a força mental que atravessa seus corpos e sai pelas suas mãos. A força eletromagnética inteligente que entorta a plantação de trigo e demarca geometrias tão simétricas e magníficas não é feita por máquinas pré-fabricadas nem possui margem de erro. Ela é feita pela mente de quem a criou e conectada à inteligência suprema para a qual deve obediência, e é exatamente por isso que muitos extraterrestres possuem uma tecnologia maior do que a de outros seres, e nesse comentário eu não coloco a humanidade em questão.

Os habitantes de Alpha Centauro, por exemplo, têm uma característica tão poderosa ao se tratar de tecnologia para viagens espaciais e camuflagem fractal, que nenhum ser reptiliano ou draconiano, ou qualquer que seja o ser que não tenha a obediência para com os ensinamentos da inteligência suprema, possui tal tecnologia. Essa obediência é pelos ensinamentos de amor e o entendimento da condição de se praticar o bem. Essa é a característica que os tornam seres ultraterrestres. Esse é o motivo pelo qual Ashtar e seu Comando estelar batem tanto na mesma tecla sobre o amor e sentimentos de fraternidade e caridade. O poder máximo da criação não poderia nos dar tal tecnologia avançada sabendo que poderíamos nos autodestruir e, assim, causar um efeito dominó catastrófico em várias camadas das galáxias vizinhas. Isso seria um evento primário, mas poderia atingir confins e mais confins do infinito universo. Podemos evidentemente conduzir nossa energia e captar essas informações por meio das meditações que estão espalhadas pela Internet, mas como acontece nos processos espirituais e religiosos, nem todos conseguem se habituar à mesma situação. E não deveríamos de fato, porque todo o globo terrestre tem vertentes de fé e de expansão, com facilidades ou não de canalização, e essa é a beleza da experiência. Aqueles que insistem na existência de um único Deus podem estar forçando a submissão a uma única raça de seres que podem não ser os que realmente estavam pensando em nossa evolução, mas em nossa colonização. Assim como há vários idiomas e várias culturas, há diversas raças e s cores neste planeta tão maravilhoso, e é isso que faz com que ele seja tão cobiçado pelas forças das trevas. As forças trevosas possuem raças diferenciadas também, mas em orbes diferentes. Elas não conseguem conviver juntas por causa do seu egoísmo insistente. As divergências é que fazem a beleza de nossa humanidade, e o respeito por todas as diferenças é que faria um mundo melhor e mais acolhedor para a chegada de seres maravilhosos que poderiam nos ensinar a como conduzir nosso planeta. Eles já o fazem, mas assim como os intrusos do mal, agem invisível e isoladamente para que não causem pânico nas nações e provoquem maledicências em famílias inteiras ao redor do mundo. Isso já aconteceu, porque quem não quer mudança provoca o medo. Eles sabem exatamente como comandar, portanto, querido leitor, precisamos ser essa mudança em níveis de frequências e emanar o poder para quem nos quer verdadeiramente no poder. Para quem quer os Guerreiros da Luz no poder, para arrumarmos essa bagunça toda e permitir a entrada dessas energias benéficas a favor do orbe terrestre. Não estamos sozinhos nem somos tão ignorantes assim. Tudo o que está sendo feito é sendo realizado de cabeça pensada e com o raciocínio lógico de quem possui uma inteligência fora do comum. Mas a sensibilidade é o nosso forte, então vamos usá-la ao nosso favor. Pode ser por meio de sua religião e isso não interfere na conquista de possibilidades de cura para o planeta, mas não é apenas a sua que conduz ao paraíso. Todas as religiões que pregam o amor e a paz são dignas de ser executadas e aprimoradas pelos seres do mais alto escalão das hierarquias próximas do poder da inteligência suprema.

9. Um Trabalho Sem Fim

Durante o processo de elaboração desta obra, tive a inspiração do Comando e do Comandante Karra Ram para desmembrar essas palavras, e para a criação e desenvolvimento da Mesa TKR Quântica Estelar. Foi inusitado realmente, porque eu não esperava desenvolver um novo dispositivo e que, em tão pouco tempo, tem ajudado tantas pessoas que por ele passam. Essa Mesa tem a cúpula do Conselho Intergaláctico e opera verdadeiros milagres ao acessar todos os multiversos não só desta existência, mas também de todas as demais que precisam de reparos do indivíduo em questão. É incrível como os Guerreiros da Luz são atacados ao mesmo tempo em que estamos conexão com as forças do bem. Os ataques são claros, mas as forças benéficas nos protegem quando estamos em conformidade com seus sublimes trabalhos. Tive vontade de parar, sim. Fui forçado a deixar as terapias de lado com a desculpa de que não tinha mais vida. Os seres das trevas, sejam eles seres espirituais, extrafísicos ou extraterrestres, sabem exatamente como pegar no seu calo. O plasma de um mago negro pode assumir a forma de um ser reptiliano ou até mesmo de um anjo caído. Um reptiliano ainda não consegue fazer isso, mas tem a entrada para a implantação e clonagem. Fui realmente atacado, mas com toda a gratidão aos meus Mentores e bem amados Mestres, também fui protegido e instruído para terminar esta obra. Não me importa o que ufólogos, cientistas ou críticos vão pensar ou dizer sobre este livro.

A única coisa que me importa é a verdade de quem sempre esteve a meu lado, me instruindo e me direcionando ao longo da vida, tentando me mostrar os sinais que, por muitas vezes, não quis perceber. Quando estamos em comum acordo com as energias de quem nos protege, só os contratos feitos em outras existências podem mudar o rumo dos acontecimentos para que possamos resgatar algo nesta que estamos vivenciando. Nada, além disso. Portanto, queridos leitores, o mais importante a ser feito hoje é vibrar pela nossa Terra e pelos nossos irmãos que estão perdidos e desamparados, longe da expansão da consciência e da evolução. Passamos pela primeira chamada da grande data-limite e isso nos faz entender que precisamos sair dessa vibração de expiações e provas, e adentrar um novo ciclo de estudos e elevação de nossa consciência, para podermos ampliar os horizontes de nossas vidas e ativar novos canais de ensinamentos para que consigamos viver em paz. Quando temos dentro de nós a centelha divina da inteligência suprema, não precisamos procurar fora nossas soluções. Os seres ultraterrestres vão fazer essa intervenção quer queiramos ou não, para que o processo siga sem grandes intervenções de outras vibrações nocivas. O ser humano vem procurando vida semelhante à nossa ou outros níveis de inteligência fora do orbe terrestre, sem se preocupar com o que pode encontrar, e não entende que o buraco negro é feito de matéria escura básica e primordial. Por ele os viajantes do espaço têm seus caminhos traçados como rotas e estão nos visitando há bilhares de anos. Alguns com boas intenções e outros com verdadeiras más intenções. Esses são os seres que foram confundidos com os "deuses" de outrora. Não há vida física em outros orbes que não estejam em seu pleno complexo de defesa contra seres inferiores, como nós. Podemos até mesmo encontrar suas estrelas, seus satélites e seus planetas, mas jamais poderemos adentrá-los. Se seres como os draconianos e insectoides, que já estiveram por aqui, não conseguem adentrar as colônias de Alpha Centauro para invadir o servidor central do Comando Ashtar, vocês acreditam mesmo que uma máquina obsoleta humana poderia fazê-lo? Ingenuidade de quem ainda engatinha para a evolução. Os seres ultraterrestres estão aqui e acolá, estão em todos os lugares e em lugar nenhum que possa ser visto por mentes céticas e almas densas. Eles não podem ser vistos por manipuladores e corruptos, assassinos e mercenários. Só com uma consciência elevada e firme em suas convicções é que essas energias, que se convertem em ultra por meio de portais multidimensionais como o Tesserato, se fazem presentes ectoplasmicamente. Não há nada que possamos fazer fisicamente para que esses seres se apresentem a nós como as naves de outras esferas o fazem. Não há nada mais a ser feito, a não ser seguir o caminho do amor ao próximo. Não há nada que se possa fazer para evitar o fim iminente que não seja o amor em vibrações sutis, até mesmo para seus inimigos. Não há nada que se possa fazer fisicamente para o que só se pode resolver com vibrações. Estejam despertos para o sentido quântico da nova era e abertos para as novas ideias. Nada do que foi escrito aqui é novidade para algumas pessoas, mas para muitas que ainda não estão despertas pode até mesmo parecer loucura. Não importa! O que interessa é que algo dentro de você tem um código que ativa uma semente que sempre lhe dirá: *"E se esse maluco estiver certo?"*.

Portanto, caro leitor, peço para que você tenha essa expansão na consciência e lute contra as forças do mal em busca de novos caminhos para as estradas da Luz. Use ferramentas que possa conectá-lo com o lado sublime dos seres mais evoluídos que existem no universo. Não se deixe enganar pela mídia que vem manipulando informações em massa durante gerações. Telepaticamente o mal consegue seu acesso, mas o processo ectoplásmico de seres com evolução e tecnologia superior pode combater essas interferências. Busque, informe-se, medite, abra os olhos e veja, feche os olhos para sentir, respire e agradeça, porque nós temos sim a proteção dos Homens da Luz! Eles sempre estarão aqui e além do orbe terrestre.

Fim

Leitura Recomendada

11:11
A Abertura dos Portais

Solara

"11:11 é um gatilho pré-codificado colocado dentro de nossos bancos celulares de memória antes da nossa descida à matéria..." É assim que começa este livro. Mas o que é o 11:11? O que existe por trás dessa expres-são, numericamente tão simples, para originar um volume de tal porte? Se tentarmos discorrer sobre o tema nestas poucas linhas, sequer consegui-remos esboçar um vislumbre do que seja.

A Agenda Pleiadiana
Conhecimento Cósmico para a Era da Luz

Barbara Hand Clow

A partir das revelações de Satya, uma deusa pleiadiana de Alcione, Barbara Hand Clow revela, neste livro, fatos que acompanham o salto evolutivo do fim do Calendário Maia e início da Idade da Luz, ou da Era de Aquário, representado pela entrada do nosso Sistema Solar no Cinturão de Fótons. Um livro impressionante que mostra os atuais avanços tecnológicos como ferramentas para nossas escolhas na Idade da Luz, quando o nosso mundo se dividir em dois e tivermos de escolher em qual realidade viveremos.

As Guerras dos Anunnaki
Autodestruição Nuclear

Chris H. Hardy. PH. D.

A detonação de armas nucleares no século XX não foi a primeira vez que a humanidade viu uma destruição tão terrível. Baseando-se no trabalho do renomado autor Zecharia Sitchin, no livro de Gênesis, nas tabuletas de argila sumérias e em evidências arqueológicas, como antigos esqueletos radioativos, Chris H. Hardy revela o antigo evento nuclear que destruiu a civilização suméria e as lutas de poder dos "deuses" que levaram para isso.

www.madras.com.br

MADRAS® Editora

CADASTRO/MALA DIRETA

Envie este cadastro preenchido e passará a receber informações dos nossos lançamentos, nas áreas que determinar.

Nome _____
RG _____ CPF _____
Endereço Residencial _____
Bairro _____ Cidade _____ Estado ____
CEP _____ Fone _____
E-mail _____
Sexo ❑ Fem. ❑ Masc.   Nascimento _____
Profissão _____ Escolaridade (Nível/Curso) _____

Você compra livros:
❑ livrarias   ❑ feiras   ❑ telefone   ❑ Sedex livro (reembolso postal mais rápido)
❑ outros: _____

Quais os tipos de literatura que você lê:
❑ Jurídicos   ❑ Pedagogia   ❑ Business   ❑ Romances/espíritas
❑ Esoterismo ❑ Psicologia ❑ Saúde   ❑ Espíritas/doutrinas
❑ Bruxaria   ❑ Autoajuda   ❑ Maçonaria ❑ Outros:

Qual a sua opinião a respeito desta obra? _____
_____

Indique amigos que gostariam de receber MALA DIRETA:
Nome _____
Endereço Residencial _____
Bairro _____ Cidade _____ CEP _____

Nome do livro adquirido: *O Portal Multidimensional*

Para receber catálogos, lista de preços e outras informações, escreva para:

MADRAS EDITORA LTDA.
Rua Paulo Gonçalves, 88 – Santana – 02403-020 – São Paulo/SP
Caixa Postal 12183 – CEP 02013-970 – SP
Tel.: (11) 2281-5555 – Fax.:(11) 2959-3090
www.madras.com.br

MADRAS® Editora

Para mais informações sobre a Madras Editora,
sua história no mercado editorial
e seu catálogo de títulos publicados:

Entre e cadastre-se no site:

www.madras.com.br

Para mensagens, parcerias, sugestões e dúvidas, mande-nos um e-mail:

marketing@madras.com.br

SAIBA MAIS

Saiba mais sobre nossos lançamentos,
autores e eventos seguindo-nos no facebook e twitter:

@madrased

/madraseditora